Unsere kleine S
_
Einst in Nördling

In diesem Buch wurden weitgehend die neuen Rechtschreibregeln benutzt. Wo jedoch früher geltende Regelungen den Sinn deutlicher machten bzw. eine präzisere Formulierung erlaubten, hat sich die Autorin die Freiheit genommen auf die alte Rechtschreibregelung zurückzugreifen.

Bibliografische Information der Deutschen Nationalbibliothek:

Die Deutsche Nationalbibliothek verzeichnet diese Publikation in der Deutschen National-bibliografie; detaillierte bibliografische Daten sind im Internet über http://dnb.dnb.de abrufbar

© 2019 Petra Quaiser

Umschlaggestaltung: Harald Metz

Umschlagfoto: Archiv Petra Quaiser

Lektorat: Petra Quaiser

Layout: Harald Metz

Satz: Harald Metz

Herstellung und Verlag:

BoD — Books on Demand, Norderstedt

ISBN 9 783749 468072

1. Auflage 2019

Inhaltsverzeichnis

- Vorwort   3
- Widmung   10
- Meine Gedanken zum Tod meiner   12
  lieben Freundin Brigitta am 18. April 2016
- Kindergarten   29
- Einschulung   37
- Das erste Schuljahr   42
- Der Schulalltag   45
- Das Stabenfest   49
- Der erste Schulausflug   56
- Es tut sich was   57
- Ein frischer Wind weht   62
- Vorbereitung zur ersten heiligen Kommunion   67
- Der Kommuniontag   71
- Der Alltag hat uns wieder   74
- Firmung   75
- Ausflugzeit   77
- Ein neuer Schulabschnitt   79
- Handarbeitsunterricht   86
- Samstagsunterricht und Chorsingen   88
- Traurige Momente   93
- Veränderungen   94
- In der Handelsschule   99
- Jugendgruppe   110
- Die achte Klasse und Schwester Ingeborg   114
- Schulende und Abschluss   120
- In der Berufsschule   123
- Die Wege trennen sich   124
- Brigitta, ich und die ersten Klassentreffen   126
- Hurra, wir fahren nach Wien   136
- Klassentreffen in Nördlingen   148
- Der Tod hält Einzug   150
- Der Klassenstammtisch und Vorbereitung für Berlin   153

- Super, wir reisen nach Berlin   156
- Neue Pläne   174
- Wir starten nach Tübingen   176
- Der Mensch denkt und Gott lenkt   184
- Auf zu neuen Ufern   198
- Tirol wir kommen   199
- Neue Hiobsbotschaft   200
- Reise nach Hamburg   201
- Jubiläumsfahrt   204
- Ein turbulentes Jahr 2011   207
- Die Luft is raus   210
- Abschied von Frau Wirtin im Jägerstüble   213
- Goldene Kommunion   217
- Der Kreis schließt sich   227
- Rückschau, Erkenntnis und Alters-WG   230

Vorwort

Ich schreibe schon seit meiner Kindheit gerne und lasse dabei meiner Fantasie freien Lauf. Lustig und etwas frivol kann es sein. Aber auch der Ernst der Sache spiegelt sich in meinen Texten. Bis in die tiefsten Abgründe der Seele versetzt sich meine Persönlichkeit. Nichts Menschliches ist mir fremd und nichts gibt es, was nicht aus- oder angesprochen werden kann. Das gibt meiner Schreibfreude eine abwechslungsreiche Vielfalt.

In der Schule waren es fantasievolle Aufsätze, die immer großes Lob fanden und in der Klasse vorgetragen wurden. In meiner Sturm- und Drangzeit waren es Hochzeitszeitungen, Gedichte zu verschiedenen Anlässen und eine Firmenchronik. Es folgten Trauerreden und Hochzeitsansprachen.

Menschen wurden auf mich aufmerksam und baten mich für sie zu schreiben, oder für sie zu sprechen. Daraus entstanden die unterschiedlichsten Möglichkeiten, meine Schreibfreude und meine Redegewandtheit zu präsentieren.

Aus meiner Feder entstanden Geschichten und Erlebnisse, die das Leben schrieb. Gedichte in Rieser Mundart zeigen, wie vielfältig und lustig es in meiner Heimat, dem Ries, sein kann.

Und dann ist da noch unser Klassenstammtisch Jahrgang 1953/54 der katholischen Mädchenvolksschule Nördlingen. Ein ganz besonderer Klassenverbund, der seit neunundfünfzig Jahren gepflegt wird. Anlässlich unseres Jubiläums im September 2010 (Fünfzig Jahre Einschulung) schrieb ich einen Artikel an unsere Heimatzeitung um auf uns aufmerksam zu machen. Schließlich sollte unsere wunderschöne Gemeinschaft auch einmal lobend erwähnt werden. Beim Schreiben des Artikels ging so viel durch meinen Kopf. Die Schulzeit, all unsere Erlebnisse, unser starker Zusammenhalt uvm. Ich hätte schreiben können ohne Ende. Doch das hätte den Rahmen der Heimatzeitung gesprengt. So dachte ich für mich, schreibe eine Schulzeitung, nur so für uns, für die Ehemaligen der Mädchenvolksschule.

Schon bald fing ich mit dem Schreiben an. Mein Kopfkino fand kein Ende und als ich alles zu Papier gebracht hatte, da war ein kleines Buch entstanden. Ich habe einfach nur geschrieben und geschrieben. All meine Erinnerungen, meine Freuden, unsere Erlebnisse, unsere herrliche Kinder- und Schulzeit. Dann kam nichts. Das Geschriebene war mit vielen Bildern abgespeichert. Das war für mich erst einmal so in Ordnung. Ich bin eine Schreiberin, keine die ein Buch aus diesem geschriebenen Chaos erstellt. Das wollte ich mit meiner Schulfreundin Brigitta in die richtige Reihe bringen. Sie konnte strukturiert arbeiten, ich nicht. Doch leider kam es anders, als man denkt. Der Mensch denkt und Gott lenkt und er hat meine liebe Freundin vor der Vollendung des Buches in sein Reich abgerufen. Dieser Verlust war sehr schmerzlich für mich. Die Euphorie, das Geschriebene in ein Buch zu bringen, war lange Zeit verflogen. Mein Unterbewusstsein aber war immer damit beschäftigt. Doch wie ich es anstellen sollte, die kleine Schülerbank als Buch herauszubringen, das wusste ich nicht. Da fehlte mir der letzte Pfiff.

Den bekam ich, als ich vor drei Jahren Mitglied im Autorenclub Donau-Ries wurde. Dort lernte ich wunderbare, schreibfreudige Menschen kennen. Jeder schreibt anders, eben auf seine Art. Ich durfte von ihnen lernen und uns alle verbindet Eines, die Liebe zum Schreiben. Diese Kolleginnen und Kollegen gaben und geben mir viele Impulse.

Mein lieber Kollege Harald Metz erkannte meine Not und bot mir seine Hilfe an. Die ich dankbar angenommen habe. Durch seine Unterstützung habe ich es geschafft, aus dem Manuskript und den gesammelten Bildern ein Buch zu erstellen.

Lieber Harald, vielen herzlichen Dank, ohne deine Hilfe hätte ich es nicht geschafft.

Allen Lesern und vor allen Dingen meinen lieben Schul‾freundinnen wünsche ich eine spannende und lustige Zeit‾reise.

Widmung

Dieses Buch widme ich meiner verstorbenen Freundin Brigitta geb. am 28. August 1954, verstorben ab 18. April 2016.

Sie war es, die mich immer motiviert hat, dieses Buch zu schreiben. Ich habe es geschrieben und wir haben Bilder und sonstiges Material gemeinsam gesammelt. Da Brigitta sehr strukturiert arbeiten konnte, was man von mir nicht sagen kann, habe ich mit ihr vereinbart, nach ihrem Krankenhausaufenthalt die geschriebenen Texte und gesammelten Werke in ein Buch zu fassen.

Fast sechsundfünfzig Jahre haben uns verbunden, eine sehr lange Zeit. Es begann mit dem ersten Schultag im September 1960. Die ersten Jahre waren nur eine lockere Verbindung, geprägt durch den Schulalltag. Als wir 1967 in die Handelschule wechselten, rückten wir schon etwas enger zusammen. Wir zeigten ähnliche Interessen, trafen uns regelmäßig in der Jugendgruppe und zogen mit den gleichen Freunden um die Häuser. Wir sahen uns in der Disco oder in der Eisdiele. Man liebäugelte mit den Jungs und wir erfreuten uns an den Ausflügen mit den Rädern nach Christgarten und an den Schulausflügen.

Eine schöne Zeit begann, die sich auch nach der Schulzeit fortsetzte. Zwar ging nach dem Eintritt ins Berufsleben jede von uns erst einmal etwas ihren eigenen Weg. Doch dann traf man sich in der Stadt, man ging in ein Café, um zu plaudern. Klar, man erzählte aus alten Zeiten und beschloss, sich ab sofort regelmäßig zu treffen. Und dabei blieb es auch, bis die schwere Krankheit meiner lieben Brigitta keinen großen Spielraum mehr ließ.

Am Ende war es das Krankenzimmer, in dem wir unsere Plauderstunden abhielten. Unser Erzählen war immer mit Erinnerungen verbunden an unsere schöne Kinder-, Jugend- und Schulzeit. Brigitta war in vielen Dingen der treibende Keil. Sie war es, die sich sehr stark gemacht hat für unsere Klassentreffen. Sie hat vorbildlich unsere Reisen organisiert. Wir waren ein eingespieltes Team. Was nicht von der einen kam, das kam von der anderen. Nie hat es Unstimmigkeiten oder ein böses Wort gegeben. Unsere Unternehmungen und alles was wir angeleiert haben, haben wir mit Freude durchgezogen.

Wir waren in unseren Persönlichkeiten krasse Gegensätze und doch in irgendeiner Form Harmonie pur. Ich durfte von ihr lernen und sie von mir. Wir haben unsere Ideen umgesetzt und unzählige schöne Plauderstunden miteinander verbracht. Vom Kochtopf bis in die hohe Politik, die Themen gingen uns nie aus. Wir haben nicht immer zusammengesteckt, auch nicht alles zusammen unternommen oder mit den Familien gemeinsam diese Freundschaft gelebt. Nein, wir sind in einer Form jede unseren eigenen Weg gegangen, und doch gab es unsere wunderschöne Gemeinschaft, die ich mit Worten nicht beschreiben kann. Zeiten, die einfach uns und unserer Lebensphilosophie gehörten. Zeiten, die ich sehr, sehr vermisse.

Als ich am 18. April 2016 um 22:00 Uhr von ihrem Ableben erfuhr saß ich einfach nur da. Ich war tieftraurig und ich habe meine Gedanken zum Tod meiner lieben Freundin Brigitta und 56 Jahre Erinnerungen niedergeschrieben. Ich habe diese Niederschrift an ihre Familie geschickt und möchte sie auch in meinem Buch zur Erinnerung an meine Freundin festhalten.

Meine Gedanken zum Tod meiner lieben Freundin Brigitta am 18. April 2016

Hoffnung war das Leitwort einer tapferen, unermüdlichen Kämpferin, geprägt von Disziplin und Perfektionismus.

Und das hat Deine liebe Frau, Eure Mutter und Schwester, meine liebe Freundin ihr ganzes Leben lang durchgezogen.

Besonders aber in dem vergangenen Jahr, und insbesondere in den letzten siebzehn Wochen.

Und ich habe mit ihr gehofft und gebangt, so wie Ihr alle auch. Dass sich die Hoffnung nicht erfüllte, hat mich sehr, sehr erschüttert und macht mich sehr, sehr traurig.

„Ich besteige mit dem Kampf gegen die Krankheit einen Achttausender", hat sie immer zu mir gesagt. Dabei haben wir gelacht, wir waren aber auch traurig. Für eine Frau einen Achttausender, das will was heißen. Ich erzählte ihr, dass ich im Fernsehen einen Bericht verfolgte mit der Erstbesteigung eines Achttausenders durch eine Frau. Sie schaffte es nicht bis zum Gipfel. Ihr fehlten fünfundsiebzig Meter. Dafür hätte sie eineinhalb Stunden gebraucht. Danach hätte die Kraft für den Abstieg gefehlt. Sie brach ihr Vorhaben ab und kehrte um.

Meine Brigitta meinte: „Ich geh die letzten fünfundsiebzig Meter." Und ich wusste, wenn eine diese fünfundsiebzig Meter geht, dann ist sie es. „Es darf nur nichts kommen", meinte sie. „Mein Herz und meine Nieren sind große Schwachstellen." „Du wirst es schaffen", sagte ich. „Ich kann nicht mit dir gehen, aber ich werde immer hinter dir sein und dich anfeuern." Wieder lachten und weinten wir.

Es war ein so schöner Nachmittag an diesem 7. April. 2016 Wieder einmal war ich die ewig langen Gänge durch das Krankenhaus in Großhadern geschlichen bis hin in die Spezialstation. Da saß ich bei ihr am Tisch, vermummt als stände ich am Operationstisch. Ich schaute durch ihr großes Fenster hinaus auf den begrünten Erdwall, die Vogelhäuser, die bunte Pflanze außerhalb auf dem Fensterbrett. Das Personal war so freundlich, ging so nett mit ihr um. Es war für alles gesorgt, alles stand in Vorbereitung für den großen Tag. Sie vertrug sehr gut ihre letzte Chemo, sie war stabil und zufrieden. Sie sehnte sich nach diesem Tag. Es machte sich aber auch Angst breit. Wird es gelingen? Werden die Zellen wachsen und gedeihen?

Wie oft schon gab es in den letzten Wochen schwere Rückschläge, Sepsis, Intensivstation usw. usw.

Wir haben über vieles, ja fast alles gesprochen, was kommen kann, was wird wenn das Schlimmste eintritt, dass sie mit ihren Töchtern gesprochen hat. Wir haben Pläne geschmiedet für unseren gemeinsamen Tag in München mit Theater usw., wenn sie erst wieder gesund ist. Es war mein Geburtstagsgeschenk zu ihrem Sechzigsten. Wir sind nicht mehr dazugekommen, weil die Krankheit sich einschlich. Das schmerzt mich jetzt sehr, und ich bedaure es unendlich. Immer haben wir auf einen günstigen Zeitpunkt gewartet, auf eine stabilere Gesundheit, schönes Wetter usw. Das darf und sollte man niemals tun. Mir fehlt dieser Tag mit ihr, unser Tag, er sollte so schön sein!

Es ging ihr so gut an diesem Tag. Sie zeigte mir ihren Plan an ihrer Pinnwand im Krankenzimmer. Ich wusste also, dass am 18. April die Stammzellenübertragung sein soll. Sie war so glücklich, dass die Stammzellen von Manuela kommen. Wieder haben wir geweint. Wir haben ausgemacht, dass wir bis zur Übertragung telefonieren und schreiben, und danach können wir besprechen, ob wieder ein Besuch möglich ist. Wieder habe ich gesagt, dass ich ihr so gerne einen Teil dieses schweren Weges abnehmen würde. Dass ich immer in Gedanken da sein werde. Wir haben geweint. Ganz lange haben wir uns beim Abschied im Arm gehalten. „Versprich mir, dass du es schaffst, dass du die fünfundsiebzig Meter gehst bis zum Gipfel", bat ich sie. Mit kräftiger Stimme sagte sie: „Versprochen!" Dann drückte sie mich, strich mir über den Rücken und sagte: „Alles wird gut!".

Sie, die Trost gebraucht hätte, hat mich getröstet. Noch ein Winken, dann trennte uns die Tür. Sie war allein und mit Sicherheit so traurig wie ich. Die elf Tage bis zum 18. April vergingen wie im Flug. Wir telefonierten am Freitagabend. Ihre Stimme war schwach, das Wasser drückte ihr einmal wieder die Luft und wahrscheinlich auch das Herz ab. Ich spürte, dass es ihr nicht gut ging. Doch sie meinte. „Das wird schon wieder."

Unsere Lebensphilosophie war nur auf Sieg programmiert, Kapitulation gab es nicht.

Ich hoffte, kannte das ja schon. Am Wochenende hörten wir nichts voneinander. Am 18. April saß ich bereits früh morgens an meinem PC. Heute ist ihr großer Tag, dachte ich mir. Ich schreibe ihr jetzt und wünsche ihr viel Erfolg, und dass ich an sie denke. Was aber, wenn etwas dazwischen gekommen ist? Sie hatte sich nicht gemeldet. Ich überlegte, dann schrieb ich: „Wenn nichts mehr dazwischen gekommen ist, dann ist heute dein großer Tag. Du bekommst die Übertragung der Stammzellen. Sie werden sich festigen, wachsen und vermehren, und du wirst gesund werden. Ich denke an dich, ich steh hinter dir." Ich habe mit keiner Antwort gerechnet. Hatte mir vorgenommen, sie am nächsten Tag anzurufen, nachzufragen.

Gegen 22:00 Uhr läutete mein Telefon. Der Blick auf das Display zeigte mir eine Nummer, die mir bekannt vorkam. Auf jeden Fall die ersten Zahlen. Das ist Brigitta, dachte ich mir. Doch sie war es nicht. Ein Mann sprach. Seine Stimme klang so traurig, es war Brigittas Mann, es war Peters Stimme. Ich habe ihn nicht sprechen lassen. Ich wollte das, was er mir zu sagen hatte, nicht hören. Ich wollte nicht wissen, was nicht sein darf. „Sag es mir nicht", bat ich ihn. „Sag, dass das nicht wahr ist!" „Sie hat es nicht geschafft", hörte ich seine verzweifelte Stimme. „Das Herz hat nicht mitgemacht." Ich weinte, und er ließ mich weinen. Ich war nicht in der Lage, Worte des Trostes, der Anteilnahme zu finden. Danach haben wir noch ruhig zusammen gesprochen, dann war die Leitung tot.

Das also war ihr großer Tag? Nicht die heilende Hoffnung der Stammzellenübertragung hat ihren kranken Körper gestärkt, ihre Kraft hat nicht mehr gereicht. Mir kam der Satz: „Der Mensch denkt und Gott lenkt!" Was ist das für ein Lenken, was ist das für ein verdammtes Lenken?" Schrie es verzweifelt in mir. Mein Gott diese verdammten fünfundsiebzig Meter dachte ich mir. Ich hätte dich schieben, auf meinen Rücken nehmen und hochtragen sollen zum Gipfel. Ich kam mir so hilflos vor, so als hätte ich sie im Stich gelassen. Wir haben doch unsere Dinge immer gemeistert.

Es ging mir schlecht, einfach nur schlecht. Es war totenstill in meinem Wohnzimmer. Mein Blick war von meinen Tränen verschleiert. Ich blickte in das lodernde Feuer meines Kaminofens. Mich fröstelte, obwohl es sehr warm im Raum war. Mein Kopf und mein Magen schmerzten. Ich saß nur da, und wie ein Film liefen sechundfünfzig Jahre vor meinem geistigen Auge ab.

Wir klebten nicht immer zusammen, bestritten nicht alle Feiern, so als wenn eine ohne die andere nicht sein konnte. Wir steckten auch nicht immer mit den Familien zusammen. Nein, es war so ganz anders bei uns. Es war etwas Besonderes zwischen uns. Wir dachten und fühlten ähnlich und man war einfach da, wenn es wichtig war, man ergänzte sich.

Ich sah uns am Anfang unserer Schulzeit. Wir machten einen Ausflug. Ich sah Brigittas Mutter, die damals mit dabei war, um die Lehrerin bei den vielen Kindern zu unterstützen. Sie war eine so gütige Frau mit ihrem dicken Haarknoten am Hinterkopf und ihren lustigen Augen.

Ich sah unsere ganze Schulzeit, die Jahre bei den Nonnen, unsere Streiche, unseren Mädchenchor, das Fest der Kommunion. Die Handelschule. Unsere schöne Zeit in der Jugendgruppe. Wie wir über das Wochenende mit dem Fahrrad nach Christgarten in die Hoppelmühle fuhren, wie ich mit meiner Gitarre spielte, all unsere Ausflüge und Unternehmungen.

Unsere erste kleine Verliebtheit. Wie wir uns in der Eisdiele trafen, im Anker und im Aquarium, im Café Grimm, im Rathauscafé und im Hubele. Wie wir heimlich hinter unseren großen Körben im Freibad rauchten. Wie sich Brigitta unter einen Busch zwängte um nicht der heißen Sonne ausgesetzt zu sein. Ihre Haut war durch ihre Neurodermitis sehr empfindlich geworden. Ich kann heute noch sagen, dass sie damals einen blauen oder türkisfarbenen Bikini trug. Ihr Gesicht war rot wegen ihrer Haut. Ich sah sie stehen in ihrem tollen grünen Minirock mit dem breiten Metallreißverschluss. Den Rock habe ich immer so bewundert, ja fast war ich etwas neidisch darauf.

Wir beendeten die Schule, traten unsere Stellen im Büro an. Von da an gehörte uns der Dienstag nach Büroschluss. Wir trafen uns jede Woche gegen 17:00 Uhr im Café Eickmann. Was für eine schöne Zeit. Wir plauderten und lachten. Waren jung und unbekümmert. Wir besuchten mehrmals abends einen Nähkurs und entwickelten uns zu den besten Hobbyschneiderinnen.

Als wir zwanzig Jahre alt waren planten wir unser erstes Klassentreffen. Wir machten die Mädels mobil und von da an alle fünf Jahre.

Es entstand unser Klassenstammtisch. Den haben wir ins Leben berufen, als unsere erste Mitschülerin Edeltraud an Brustkrebs mit erst achtundvierzig Jahren starb. Ab jetzt trafen wir Ehemaligen uns regelmäßig alle zwei Monate. Wir beide haben das gemeinsam alles in Schwung gehalten. Es entstand daraus eine grandiose Gemeinschaft, der Stammtisch der katholischen Mädchenvolksschule Jahrgang 1953/54. Wir organisierten Klassenfahrten und Reisen, Treffen und viele Unternehmungen. Wir zwei waren ein eingeschworenes Team. Wir managten das alles und es war einfach nur schön. Nie gab es Unstimmigkeiten oder ein böses Wort. Obwohl wir doch so grundverschieden waren. Aber wir hatten eine wunderbare, gemeinsame Lebensphilosophie und gemeinsame Interessen.

Brigitta wurde schwanger, heiratete. Ich war schon verheiratet. Ich konnte nicht zu ihrer Hochzeit kommen, das war 1974. Eine schwere Sommergrippe legte mich flach mit hohem Fieber. Es war so schrecklich heiß an diesem Tag. Ich musste das Bett hüten und Brigitta erstickte wahrscheinlich vor Hitze. Sandra kam zur Welt. Aus der Traum vom Dienstag nach Feierabend. Aber egal. Wir verlegten unser Treffen auf den Freitagnachmittag. Jetzt trafen wir uns in ihrer neuen Wohnung in der Voltzstraße. Oft brachte ich meinen kleinen Neffen Holger mit, er war ein Jahr älter als Sandra. Brigitta war nicht glücklich in der Voltzstraße.

Dann kam Gott sei Dank ihr Umzug nach Holheim. Wieder änderte sich einiges. Wir wurden gemeinsam schwanger, brachten 1978 unsere Mädels zur Welt. Brigitta im Mai, ich im August. Die ganze Schwangerschaft gingen wir jede Woche schwimmen. Stolz schoben wir unsere Babybäuche durch das Hallenbad. Damals waren wir wahre Exoten, denn kaum eine ging in der Schwangerschaft schwimmen und zeigte unverblümt ihr Bäuchlein.

Brigittas Manuela kam zur Welt. Doch als ich sie im Krankenhaus besuchen wollte, war keine Brigitta mehr da. Sie war weg, ab nach Zusmarshausen für ein halbes Jahr in eine Lungenfachklinik. Man hatte bei ihr TBC diagnostiziert. Manuela kam viele Monate zur ältesten Schwester in „Pflege", viele Monate. Nicht so einfach für eine junge Mutter. Ich fuhr also mit meinem dicken Bauch nach Zusmarshausen. Schon da durchlebte Brigitta eine schwere Zeit, doch sie verging. Mein Gott, was musste sie damals für viele und so große Tabletten nehmen.

Und dann war ja da noch ihre Haut. Sie wurde auch immer schlechter. Jahrelang Cortison machte sich negativ bemerkbar. Ein Arzt von der Hautklinik in Augsburg sagte: „Sie haben die Haut einer Achtzigjährigen." Wäre das denn nicht schon genug gewesen, muss denn jetzt auch noch die Lunge streiken?

Noch immer trafen wir uns regelmäßig. Jetzt in Holheim am Freitagabend. Mein Mann spielte Babysitter, Peter war unterwegs und wir hielten unsere Plauderstunden. Ich erinnere mich an ihre tollen Tupperabende, die sie perfekt organisierte und veranstaltete. Es machte Freude, dabei zu sein.

Überhaupt, sie organisierte immer alles perfekt. Wenn ich daran denke, wie sie mir immer von den Vorbereitungen für die Hochzeit ihrer Mädels erzählte, was sie plante. Überhaupt, sie war ihren Kindern vom ersten Tag an nicht nur eine sehr liebevolle, sondern eine ganz besondere Mutter. Das setzte sich auch bei ihren Enkelkindern fort und bezog ihre Schwiegersöhne mit ein. Einfach durch und durch ein Familienmensch.

Auch ihr unermüdlicher, jahrelanger Einsatz für die Vereine, in denen sie vertreten war. Wie sie gekocht und geschuftet hat im Gemeindezentrum von Holheim. Noch heute ziehe ich den Hut vor ihr für diese Leistung. Und wenn sie ein Geschenk machte, dann schenkte sie nicht einfach. Nein, sie hat sich immer etwas dabei gedacht. Sie hat sich in den zu Beschenkenden versetzt und ihn ganz individuell beschenkt. Mit Herz und Verstand. Einfach nur schön.

Die Zeit lief. Immer wieder hatte sie mit gesundheitlichen Höhen und Tiefen zu kämpfen. War immer wieder zur Kur in Davos, auf Sylt. Sie ging so unwahrscheinlich diszipliniert mit allem um. Ich habe sie bewundert. Alles in ihrem Leben hat sie so perfekt gemanagt, geplant, gesorgt, gekümmert. Unermüdlich, für jeden für alles. Wie sie so fleißig geschrieben hat in Heimarbeit. Da war die Nacht oft kurz. Sie liebte ihre Familie, ihre Kinder, führte eine so schöne Partnerschaft mit ihrem Peter.

Immer schneller drehte sich das Rad. Vieles änderte sich, doch nie sind unsere Plauderstunden abgebrochen. Die Kinder waren aus dem Haus, alles verlief ruhiger und gesetzter. Regelmäßig trafen wir uns nun abends in der Stadt. Gingen schön Essen, ins Hollywood, Riesling, Italiener. Tagsüber oft mal schnell ins Café Radlos.

Ganz einfach war das mit der Esserei nicht. Sie schrie ja überall „Hier" wenn es darum ging, Krankheiten anzuziehen. Ihre Lebensmittelallergie machte ihr zu schaffen, und zwar gewaltig. Die Haare gingen ihr aus. Hatte sie denn nicht schon genug am Hals? Aber auch das löste sie galant mit der Perücke und verzweifelt nicht. Wie immer, sie hatte sich voll im Griff. Eben ein Meister der Perfektion. Nie hat sie geklagt, nie war sie mutlos oder verzweifelt. Wie sehr ihre Seele dabei litt, zeigte sie nicht und es ahnte wohl keiner, wie es wirklich aussah.

Bei uns selbst war alles zwanglos und harmonisch. Wir waren flexibel, einfach problemlos und mit uns zufrieden.

Wir setzten uns immer mehr für unseren Klassenstammtisch ein, fingen an das Thema Astrologie und das Zusammenfügen der Planeten, zu studieren. Auch das Legen der Karten faszinierte uns. Vor allen Dingen in den letzten Jahren. Der Donnerstag gehörte uns. Jetzt kam sie zu mir nach Alerheim. Es war einfach nur schön. Wie wir immer so gemütlich hier in meinem Arbeitszimmer saßen. Bei Kerzenschein, Tee, Obst und Knabbereien. Ach Gott wie werde ich das vermissen.

Doch im letzten Jahr merkte man, es geht ihr nicht gut. Hier stimmte etwas nicht. Sie lief von Arzt zu Arzt. Gab nicht nach, ließ nicht locker. Ohne ihr eigenes Zutun hätte sich da kein Arzt bemüht oder gekümmert, was denn nun hinter ihren gesundheitlichen Schwächen wirklich steckt.

Dann die Diagnose, das Bewusstsein über die schreckliche Erkrankung, die Monate der Therapie in Donauwörth. Jetzt fuhr ich wieder nach Holheim. Wir wollten uns sehen, einfach belanglos plaudern, so wie in all den Jahrzehnten. Im Spätherbst neue Hoffnung, aber eine labile Hoffnung. Sie wusste es, wir haben darüber gesprochen. Sie hatte recht, die Krankheit kam zurück.

Jetzt Großhadern, und das vor Weihnachten. „Geh gleich", habe ich gesagt, Weihnachten kommt wieder. Dass es kein nächstes Weihnachten geben wird, das war nie ein Gedanke.

Noch immer sitze ich da und schaue in das Feuer im Ofen. Es lodern keine Flammen mehr, das Feuer ist abgebrannt. Hier liegt nur noch die Glut, überzogen von heller Asche. Noch immer schmerzt mein Magen, mein Kopf, noch immer friere ich.

Hätte sie vielleicht lieber Weihnachten feiern sollen? Die Feiertage und Neujahr mit der Familie verbringen sollen? Das hat sie doch immer so geliebt? War denn jetzt wirklich alles umsonst? Verdammt noch mal, es kommt für sie kein Weihnachten mehr. Aus, vorbei! Was war richtig, was war falsch?

Fragen über Fragen und keine Antwort. Ich könnte aus der Haut fahren und fühle mich doch so schwach. Ich wische über meine Augen und ich weine. Ich weine ganz einfach. Es sind Tränen der Trauer, der Verzweiflung, aber auch der dankbaren Erinnerung, die so schön ist.

Ich werde die Zeiten mit meiner Brigitta nie vergessen. Ich werde vieles in ihrem Sinne verfolgen und tun: Ich werde sie fragen, wenn wir für den Stammtisch etwas planen, und ich weiß, sie wird mir antworten: *„Verdammt noch mal ich habe doch extra unsere Reise im Mai mit dem Stammtisch verschoben. Ich wollte sie im Herbst organisieren, damit du dabei sein kannst. Und jetzt, soll ich das jetzt wohl alleine machen? Und du selbst, du hattest doch auch noch einiges an Reisen vor und vieles andere. Und jetzt, was ist jetzt?"* Wieder weine ich.

„Und wer schließt jetzt mit mir mein Buch ab „Unsere kleine Schülerbank einst in Nördlingen stand?" Ich wollte das doch mit dir ordnen und sortieren, in eine richtige Reihenfolge bringen. Da bist du besser als ich. Jetzt steh ich alleine da. Aber – ich werde es für dich zu Ende bringen. Das verspreche ich Dir." Verdammt bin ich jetzt traurig.

Es plagt mich die Frage nach dem „Warum gerade Brigitta? Hätte man lieber alles anders machen sollen?" Ich bin ärgerlich, kann es nicht fassen. Ich weiß aber auch, dass uns unser christlicher Glaube lehrt: „Du sollst kein Fragezeichen setzten, wo Gott bereits den Punkt gesetzt hat." Und doch ist er da, der unendliche Schmerz, das nicht Verstehen. Ich denke an Peter, an die Kinder, an Elisabeth, einfach an alles.

Irgendwann schaffe ich es, ins Bett zu gehen. Ich weiß nicht wie spät es ist. Ich liege da, denke an Brigitta, wo ihre sterbliche Hülle jetzt ist, was wird? Meine Gedanken suchen ihre Seele, suchen unsere Lebensphilosophie und ich werde ruhiger. Ich schlafe mit guten Gedanken ein.

Ich habe Euch, liebe Familie jetzt ganz einfach meine Gedanken in dieser Nacht des 18. April aufgelegt. Damit will ich Euch zeigen, wie sehr ich mit Eurer Trauer verbunden bin. Und, dass Deine liebe Frau, Peter, Eure liebe Mutter, liebe Sandra und Manuela, und Deine Schwester, liebe Elisabeth, einen ganz besonderen Platz in meinem Herzen behalten wird.

Diese Gedanken drücken meine Form der Anteilnahme aus.

Wie ich immer zu meiner Brigitta gesagt habe: „Ich kann nicht deinen Weg gehen, obwohl ich dir gerne vieles abnehmen würde, aber ich stehe immer hinter dir." So stehe ich jetzt hinter Euch in Eurer Trauer, in Eurem Schmerz.

Wenn man will, so kann man in seiner Trauer eine Brücke bauen. Ich nenne sie die Regenbogenbrücke. Der Regenbogen, ein Symbol für Frieden, Freiheit und Neubeginn. Eine Verbindung zwischen Himmel und Erde. Er führt in ein Sein, wo es keine Not und keinen Schmerz mehr gibt.

Und wenn an einem Tag auf der einen Seite die Sonne vom Himmel lacht, und wenn sich auf der anderen Seite die Wolken verdunkeln und es dazwischen regnet, dann kann man sie sehen, die bunte Regenbogenbrücke.

Man kann seine Gedanken und Sehnsüchte fließen lassen, wie die vielen bunten Farben. Sie schaffen eine Verbindung zwischen uns und unserer Brigitta. Ich bin dankbar, dass ich meine liebe Freundin bis zum Beginn der Regenbogenbrücke begleiten durfte. Ich weiß, dass sie am anderen Ende wartet, denn sie ging nicht ganz von uns, sie ging nur voraus.

Es wird der Tag kommen, da tritt die Trauer zurück. Man geht andere, neue Wege. Was ewig bleibt, ist die Erinnerung an einen wunderbaren Menschen, an eine ganz besondere Persönlichkeit, an Eure, an meine Brigitta.

In dieser Erinnerung verabschiede ich mich von meiner Brigitta mit einem Gedicht von Joseph von Eichendorff:

Mondnacht

Es war, als hätt der Himmel
die Erde still geküsst,
dass sie im Blütenschimmer
von ihm nun träumen müsst.

Die Luft ging durch die Felder,
die Ähren wogten sacht,
es rauschten leis die Wälder,
so sternklar war die Nacht.

Und meine Seele spannte
weit ihre Flügel aus,
flog durch die stillen Lande,
als flöge sie nach Haus.

Alerheim, den 19. April 2016

(Joseph von Eichendorff)

Ich habe meiner verstorbenen Freundin in dieser Nacht versprochen: „Ich werde das Buch fertig stellen, für dich und für mich." Es hat dann doch noch einige Jahre gedauert, bis ich mich dazu durchgerungen habe es zu tun. Jetzt aber ist es fertig.

Danke liebe Brigitta für unsere schöne Freundschaft.

Nachfolgendes Gedicht hat das „Unikat Gerdrud (Trudl) Heuberger", alteingesessene Schneidermeisterin aus Nördlingen, beim achtzigsten Geburtstag meiner Mutter vorgetragen. Sie hat mir eine Kopie des Gedichtes zur Verfügung gestellt. Verfasserin des Gedichtes ist Irmgard Bosch früherer Pfarrköchin, inzwischen verstorben.

I MÖCHT HALT NO OIMOL A SCHULMÄDLE SEI

I möcht halt no oimol a Schulmädle sei
möcht no oimol ganga ind Judegass nei
und möcht no oimol mein Schulranza traga
und widr a mol mei Tafl zamschlaga
möcht no oimol meine Griffl spitza
und beim Rechna lerna schwitza
möcht no oimol wied´r buchstabiere
und möcht des Lese wied´r probiera
möcht wied´r schreibe auf ab auf
möcht aufs „i" des Tüpfele mache drauf
möcht no oimol wied´r schea Deutsch schreiba
möcht wegem Zahwea von de Schual dehoim bleiba,
möcht wied´r rechne, dass 2 und 2 vier
möcht mole a Haus, a Bluam und a Tier
möcht no oimol Kenderlied´r senga
und fürchte falsch sott alles klinga
möcht no omol an Topflappe stricka
mit´re scheane Woll, a ganza dicke
möcht no oimol gera ind Pause renna
und möcht no Gedich´r aufsage kenna

möcht no oimol habe Hitzefrei

und dass dr Herr Bieber no Hausmeistr sei

möcht no amol mit großem Fleiß

mein Finger hebe, weil i was weiß

und s´Frl. Melzer die sott mi agschobe

und sott mi halt a bissle lobe

i möcht halt no oimol wie seinerzeit

guate Note, dass se mei Muatt´r gfreit.

I möcht no oimol, sags ganz im Vertraua

den Film Hase und Igl a´schaue

und möcht no oimol, ka´s gar nett saga

auf´d Kaiserwie´s naus an Stabe

möcht koffe a Wurscht und an Semmel d´rzua

und an Chabeso, des war domols gnua

i möcht no oimol Maikäf´r fanga

no oimol in d´Alag zum Rutsche ganga

i möcht no am Kastanabaum drobe

im Herbscht halt noch den Kastana g´schobe

i möcht no oimol, braucht jetzt gar nett stutza

mit de Kamarada Glocka butza

möcht auf de Stroß mit am Kreis´l spiela

und mit de Schusser in a Grüble ziela

möcht no oimol – ja schea wara die Sache

an Schulausflug auf de Albuch macha

bei all dene Sacha wär i dabei

i möchte halt no oimol a Schulmädle sei.

I möcht aber ko Schulmädle nemme sei

denn manches fällt mir o no ei
i möcht gar nemme Fliegeralarm
i möcht dass d´Leit nemme so arm
i möcht, dass Kender nemme friera
und so wie mir da Krieg verspiera
i möcht, dass nemme so viel Leid
als wie zu osrer Kenderzeit.
Inzwischa simmer 50 Johr alt
no ja, do kasch nix mache halt
ma muaß jetzt Bäuch und Glatze traga
was no alls fehlt – ich will äs nett saga,
Hauptsach es hält uns frisch und jung
die schea die schea Erinnerung.

Aus meinem Poesiealbum:

Wenn Du einst nach vielen Jahren dieses Büchlein nimmst zur Hand, denk daran wie froh wir waren, in der kleinen Schülerbank.

Schon meine Mutter saß in Nördlingen auf der kleinen Schülerbank, wurde damals von Schwester Ingberta unterrichtet.
Auf dem nachstehenden Bild sieht man sie in der zweiten Reihe von oben, als dritte von links.

Kindergarten

Welch ein schönes Bild. Da kann einem so richtig das Herz aufgehen. Diese vielen kleinen Mädchen und Jungen im katholischen Kindergarten von Sankt Josef im Wemdinger Viertel in Nördlingen. siebenundfünfzig kleine Jungen und Mädchen in verschiedenen Altersstufen. Dazu eine Kindergärtnerin, sie wurde von uns Kindern damals liebevoll Tante Anni gerufen.

Prachtvoll sieht sie auf dem Foto aus, unsere Tante Anni, in ihrer schneeweißen Schürze mit den lustigen Rüschen. Immer hilfreich an ihrer Seite die Mutter von Tante Anni, Frau Zeilhofer. Mit den siebenundfünfzig kleinen Kindern in einer Gruppe wäre Tante Anni so ganz alleine nie klar gekommen. Denn wenn diese kleine Meute erst mal losstürmte, dann war das Chaos perfekt. Komischerweise hatte uns diese Tante Anni aber ganz gut im Griff. Es ist ja nicht getan mit diesen siebenundfünfzig Kindern auf dem Bild. Ich kann mich an noch viel mehr Kinder erinnern, die auch im Kindergarten waren zu meiner Zeit und nicht auf dem Bild zu finden sind. Auch damals war es schon so, dass manche Kinder nur am Nachmittag oder Vormittag gekommen. Andere, wie z.B. ich, waren ganztags vertreten. Darum fehlen mir hier viele Gesichter, die noch in meiner Erinnerung stecken. Also waren es im Endeffekt viel mehr Kinder, die von Tante Anni betreut wurden. Manchmal war eine Praktikantin oder Helferin mit dabei, meistens aber war sie allein mit den vielen Kindern. Über siebenundfünfzig Kinder und tatsächlich noch viel mehr tummelten sich in diesem Kindergarten. Keine weiteren Hilfen, keine mehrfach staatlich geschulten und geprüften und was weiß ich noch alles für Erzieherinnen und Helferinnen wie das heute der Fall ist, waren vertreten. Keine grauenvollen, tausendfachen Vorschriften, was gut oder schlecht, falsch oder richtig ist, machten der Tante Anni das Leben schwer. Kein großer Druck lastete auf den Eltern oder den Kindern. Es gab keine durchgeknallten Väter oder Mütter und keine nervösen Kinder. Auch keine übereifrigen Eltern wie heute, die zum Teil mit sich nicht klar kommen, die schon von einem dreijährigen Kind erwarten, dass es sich zum Professor entwickelt bzw. dass der Kindergarten aus ihren Kindern den perfekten Menschen zaubert. Hurra, wir durften damals noch Kind sein und nach Herzenslust spielen.

Man nannte die Kindergärtnerin einfach Tante Anni und die Mutter von ihr Frau Zeilhofer, nicht wie bei meiner Tochter zwanzig Jahre später Fräulein Monika oder Frau Bühlmeier. Es war alles so zwanglos schön, man konnte und durfte einfach Kind sein. Frau Zeilhofer in ihrer Kittelschürze und ihrem Wuschelkopf war eine gütige, emsige und fleißige Person, die uns immer beim An- und Auskleiden behilflich war. Wenn wir im Garten spielten, dann war sie als Aufsicht auch immer mit dabei. Für uns war das ganz selbstverständlich. Tante Anni konnte sehr streng sein. Sie hat sich von den vielen kleinen Buben und Mädchen nicht auf der Nase herumtanzen lassen.

Ich erinnere mich gerne an diese Zeit. An den großen schönen Garten mit einem kleinen Planschbecken, in dem wir im Sommer aber nur ganz selten planschen durften. Überhaupt waren wir wenig im Garten.

Im großen Vorraum stand eine große Schaukel aus Metall, bunt angemalt, in ihr hatten mehrere Kinder Platz. Dieser Vorraum war auch zugleich An- und Umkleideraum. Überall waren kleine Haken angebracht und jeder Haken war mit einem Bildchen versehen. Kleine niedrige Bänke waren rundherum aufgestellt und unter der Bank wurden die Schuhe bzw. Hausschuhe abgestellt. Von diesem Raum aus ging es auch zu den Toiletten. Eine für Jungs und eine für Mädchen.

Daneben befand sich die Türe, die in das „Allerheiligste" führte. So nannte ich innerlich für mich das Sprechzimmer bzw. Arbeitszimmer von Tante Anni. Wenn man da rein ging, und das war ja höchst selten, dann kam einem das alles so korrekt und auch ein wenig unheimlich vor. Es war immer sehr sauber und es roch irgendwie nach Äpfel.

In diesem Raum stand auch die Gitarre von Tante Anni. Sie verstand es ganz zauberhaft, uns mit dieser Gitarre ruhig zu unterhalten. Denn wenn wir ganz brav waren, dann hat sie uns immer versprochen, die Gitarre zu holen. Wir mussten dann immer ganz mucks Mäuschen still sein. Sie hat ganz geheimnisvoll getan, was da jetzt wohl kommt. Denn die Gitarre steckte ja in einer Hülle, die sie dann immer ganz vorsichtig geöffnet und die Gitarre ganz langsam herausgezogen hat. Voller Bewunderung und mit großen Augen haben wir Kinder diesen Akt beobachtet. Und wenn sie dann noch diesem Instrument so feine Töne entlockte, dann war ich immer hin und weg. Damals schon wollte ich gerne auch Gitarre spielen und mit elf Jahren habe ich eine Gitarre bekommen und spielen gelernt.

In einem kleinen Gang, von dem es auch in den Keller ging, waren auch noch Plätze zum Umkleiden und genau dort war mein Platz und mein Haken. Ich hatte als Bild einen Zauberer und als mein Neffe als kleiner Stöpsel ca. zwanzig Jahre später ebenso in diesen Kindergarten kam, da gab es den Haken mit dem kleinen Zauberer immer noch.

Diesen Kindergarten habe ich gerne besucht und ich kann mich noch sehr gut daran erinnern. An die kleinen Tische mit den dunkelgrünen Tischplatten, die mit einem Metallrahmen eingefasst waren. Einige Tische konnte man halbieren, sodass sie wie ein Halbmond aussahen und man konnte sie dann entsprechend zusammen schieben, dann waren sie rund. Ich weiß auch noch, dass diese Tische immer mal wieder gebohnert werden mussten. Wir haben weiche Lappen oder auch so was ähnliches wie feine Bürsten bekommen und durften die Tische bohnern. Super fand ich das, man muss nicht für alles eine Putzfrau haben, auch wir Kleinen haben im Kindergarten immer mitgeholfen. Das war auch oft am Freitagnachmittag so, wenn der Raum für den sonntäglichen Gottesdienst vorbereitet wurde. Wir durften mithelfen. Heute würden ja alle am Rad drehen, wenn die Kinder im Kindergarten etwas „arbeiten" müssten. Genauso dreht man jetzt schon durch, wenn mal zwanzig Kinder in einer Gruppe sind, da lob ich mir meine Tante Anni, die ist mit fast sechzig Kindern klar gekommen und es hat uns an nichts gefehlt.

Vom Vorraum kam man durch eine große Türe in den eigentlichen Spiel- bzw. Aufenthaltsraum,

der durch einen großen Vorhang abgetrennt war. Hinter dem Vorhang stand ein kleiner Altar.

Damals gab es im Wemdinger Viertel in Nördlingen noch keine Kirche, aber eine Kirchengemeinde Sankt Josef und der Kindergarten war das „Ersatzgotteshaus". Am Sonntag wurde dort immer der Gottesdienst abgehalten. Dann zog der Messner den großen schweren Vorhang zur Seite, damit der Blick auf den Altar frei wurde. Die Tische wurden auf die Seite gestellt und die kleinen Kinderstühle und auch andere Klappstühle baute man in der Reihe auf, damit die Besucher des Gottesdienstes sich setzen konnten. Bis wir Kinder dann am Montag wieder in den Kindergarten kamen, war alles wieder an Ort und Stelle.

Vom großen Spielraum aus ging eine Seitentür in den Puppenraum. Das war ein wahres Paradies. Alles was das

Herz begehrte. Puppen und Puppenwagen und viele, viele andere Spielsachen.

Man konnte bauen und malen, basteln und spielen, singen und springen. Und wenn man ganz müde wurde, dann gab es hinter dem großen Vorhang im Altarbereich auch so ganz kleine, na ich nenne sie Feldbetten mit Kissen und Decken. Da durften die Kinder sich dann hinlegen und schlafen oder ruhen.

Auf dem Weg zum Kindergarten traf man immer wieder auf ein Baugebiet oder kam an Wiesen und Erdhügel vorbei. Dort wuchsen für uns, damals so gesehen, herrliche gelbe Blumen. So weit das Auge oft reichte, das war eine wahre Pracht. Manchmal auch nur vereinzelt, aber es waren immer genügend da, um sie zu pflücken. Die kleinen Kinderhände haben das mit Freude getan und immer wieder einen mehr oder weniger schön gestalteten „Blumenstrauß" für die geliebte Tante Anni gepflückt. Wenn wir ihr diese Blumen gebracht haben, dann hat sie immer sehr abweisend reagiert und uns erklärt, dass das keine Blumen sind, das sei Unkraut und wir sollen das nicht pflücken und nicht bringen. Sie hat sich nicht gefreut und das war enttäuschend. Das war für uns kein Unkraut, das waren für uns Blumen. Mein kleines Kinderherz ist mit dieser abweisenden Haltung nicht gut klar gekommen. Bestimmte Dinge vergisst man nicht. So ging es auch mir, denn ich habe das als Kind nicht verstanden, und fand die Reaktion von Tante Anni sehr verletzend. Eigentlich hätte sie als pädagogisch geschulte Erzieherin wissen müssen, dass diese Ablehnung schmerzhaft ist für ein Kinderherz, aber vielleicht bin auch nur ich auf diesem Gebiet zu empfindlich. Heute weiß ich, dass es sich um Raps handelte. Und so vergeht fast kein Frühjahr, wo ich nicht daran denke, wenn ich bei uns die üppigen Raps-felder blühen sehe.

Man kann sie auf dem Gruppenfoto schon noch erkennen, die kleinen Mädchen des Jahrgangs 1953/54, mit denen ich dann am 6. September 1960 eingeschult wurde. Viele sind auf dem Kindergarten-Gruppenbild, viele fehlen, weil sie vielleicht an diesem Tag nicht da waren. Aber am Einschul-tag waren wir alle vereint. Man kannte sich also schon, die Claudia und die Ute, die Johanna und die Sonja, die Elisa-beth und die Magda, die Cilli und die Petra usw. usw.

Die Kinder, die in der Stadt oder in einem anderen Wohnviertel aufgewachsen waren, haben wir erst am Ein-schulungstag kennen gelernt. Die Gruppe aus dem Wem-dinger Viertel, war sehr stark vertreten.

Bereits hier sind die Wurzeln der kleinen Schülerbank verankert, genau hier im Kindergarten von Sankt Josef. Da eigentlich steht der Ursprung unserer kleinen Schülerbank. Auch wenn es damals ganz kleine Stühle waren mit kleinen Tischen. Unsere Gemeinschaft und das Lernen hat bei Tante Anni bereits seinen Anfang genommen und das war 1957/58.

Viele Kindergärten, Schulen, Klassenzimmer und Schüler-bänke werden noch folgen im Laufe unserer Lebensschul-zeit. Immer wieder werden uns neue und andere Kinder-gärtnerinnen oder Lehrer, in immer wieder verschiedenen und wechselnden Lebensklassenzimmern, unterrichten. Immer wieder wird es sein, dass wir Blumen pflücken, die eigentlich keine Blumen sind und lange wird es dauern bis wir das erkennen. Wir werden aber auch erkennen, dass je-des Unkraut für etwas geeignet ist und auch jedes gepflückte Unkraut sein Lob verdient.

Dass mir das kleine Mädchen Ute, eine meiner langjährigen Klassenkameradinnen, das so lieb und pausbäckig in ihrem netten Dirndl in der vordersten Reihe sitzt, sechzig Jahre später dieses Bild geben wird mit dem Hinweis: „Das ist ein Beitrag zur kleinen Schülerbank, kennst du dich noch?" Das hätte damals keine von uns gedacht.

Einschulung

Am 6. September 1960 war es so weit – Einschulung. Mein Gott, was für ein Tag. Über zweiundfünfzig kleine Mädchen aus der Stadt Nördlingen und den neugebauten Wohnsiedlungen am Stadtrand betraten an der Hand der Eltern, Mütter oder Väter, das Schulgebäude der Mädchenvolksschule in der Judengasse in Nördlingen.

Es gab nur Schulen innerhalb der Stadt und die kleinen Mädchen aus den Randgebieten hatten zum Teil einen sehr weiten Schulweg. Es gab keine Busverbindung, nur wenige hatten eigene Fahrräder und

kaum einer der Eltern wäre auf die Idee gekommen, sein Kind täglich mit dem Auto von und zur Schule, geschweige denn in den Nachmittagsunterricht wie z.B. Sport, Handarbeit oder Zeichnen zu bringen. Vor allen Dingen aber auch, wer hatte überhaupt schon ein Auto? Hier war Fußmarsch angesagt und das manchmal zwei Mal täglich. Und die Hausaufgaben waren trotz Nachmittagsunterricht auch noch zu erledigen.

Von außen war das Schulgebäude in der Judengasse ein pompöser Bau, von innen fast etwas Furcht erregend. Alles wirkte sehr dunkel und düster. Die Räumlichkeiten waren hoch und es roch leicht nach Bohnerwachs.

Wir hielten uns im großen Vorraum in Parterre auf. Von dort aus führten hohe Türen in die einzelnen Klassenzimmer von der ersten bis zur vierten Klasse, in das Lehrerzimmer und in die Hausmeisterwohnung. Eine Treppe führte nach unten zu den Toiletten und zur Schulküche. Über eine breite Treppe aus dunklem Holz gelangte man in den ersten und zweiten Stock. Doch diese Stockwerke waren außer für Handarbeiten für uns Tabu. Im ersten und zweiten Stock waren die „Evangelischen" erste bis achte Klasse.

Wir konnten beobachten, wie nochmals viele kleine Mädchen mit den Eltern die breite, dunkle, blank gebohnerte Holztreppe nach oben gingen. Auch für sie war es der Tag der Einschulung. Man beachtete sich kaum, obwohl man sich zum Teil aus der Nachbarschaft kannte und auf der Straße zusammen spielte. Die strenge Trennung der Konfessionen war stark in allen Köpfen von alt bis jung verankert und wir bekamen das im Laufe der Schulzeit noch oft zu spüren.

Ja zu unserer Zeit war in der Schule noch alles streng getrennt. Katholische Schülerinnen unten, evangelische Schülerinnen oben. Vier Jahrgangsstufen in der Judengasse, vier weitere Jahrgänge in der Schule bei der Salvatorkirche (wir waren der letzte Jahrgang mit dem Acht-Klassensystem, danach kam die neunte Klasse dazu). Doch das war an diesem ersten Schultag noch nicht bekannt. Die Buben waren sogar in einem ganz anderen Schulgebäude untergebracht. Es war die Squindoschule und die war ganz neu gebaut. Das war mal wieder der Beschiss an den Mädchen. Die steckte man einfach in die alten Räume. Die Mädchen wurden nur von Lehrerinnen unterrichtet und die Buben nur von Lehrern. Es herrschte eben noch Zucht und Ordnung in dieser „guten alten Zeit".

Und genau diese Ordnung machte es möglich, dass über 50 Kinder in einer Klasse von nur einer Lehrerin unterrichtet werden konnten. (Heute werden sie schon alle wahnsinnig, wenn die Klasse mehr als zwanzig Schüler beinhaltet – so ändern sich eben die Zeiten.)

Es öffnete sich eine der hohen Türen, helles Licht flutete in den dunklen Vorraum. Wir wurden aufgefordert, das Klassenzimmer zu betreten und uns einen Platz zu suchen. Alle waren aufgeregt und plappern durcheinander. Unser Blick fiel auf unsere Lehrerin, Frau Margarete Jaumann (Ehefrau des inzwischen verstorbenen Anton Jaumann, ehem. Bayerischer Staatsminister für Wirtschaft und Verkehr).

Die Lehrerin machte einen sehr guten Eindruck. Sie war klein, jung, freundlich und hatte lustige, blitzende Augen, denen im Klassenraum nichts entging. Sie rief die Namen der Kinder nach dem Alphabet auf. Diese alphabetische Namensordnung begleitete uns all die Jahre durch die ganze Schulzeit. Schon ganz bald waren alle Kinder in der Lage, die Mitschülerinnen, und damit die Anzahl der Kinder, fast im Schlaf aufzusagen, diese Reihenfolge ist heute noch in unseren Köpfen verankert – Albrecht, Bauer, Berger Beutel, Blaschke usw.

Wir waren lebhaft und doch ruhig an diesem ersten Schultag. Die Eindrücke waren einfach enorm. Allein das Läuten der Schulglocke war ein Ereignis. Jedes der kleinen Mädchen hatte ein schönes Kleid an. Und alle trugen stolz den Schulranzen und die Schultüte, gefüllt mit mehreren oder wenigeren Leckereien oder kleinen Überraschungen.

Man erinnert sich noch gut, der Spitzboden dieser Schultüten war fast bis zur Hälfte mit Papier ausgestopft. Erstens, damit unten die Spitze nicht knickte und zweitens waren die Geldbörsen der Väter und Mütter von den Schulanfängern nicht so gut bestückt. Fast keiner konnte es sich leisten, für viel Geld die Schultüte mit Naschereien oder Geschenken zu füllen. Aber das war OK so. Wir Kinder waren zufrieden und freuten uns über die bunten Schultüten und über unsere hübschen, neuen Kleider.

Bis auf Christa, ein kleines zartes Mädchen mit dünnen langen Haaren, das kaum über die Schultüte hinwegschauen konnte. Für sie blieb der erste Schultag in sehr prägender Erinnerung und sie schilderte uns Jahre später, wie sie diesen ersten Tag erlebte:

Ich sah meinem ersten Schultag mit sehr gemischten Gefühlen entgegen, denn die Erwachsenen waren sich ja selbst nicht einig darüber, ob Schule gut oder nicht gut war. Die einen erklärten mir, dass jetzt bald Schluss sei mit Lustig und der Ernst des Lebens beginnen würde. Da weht jetzt ein ganz anderer Wind, wurde uns gesagt. Andere versicherten mir, dass endlich mein sehnlichster Wunsch in Erfüllung ginge und ich in der Schule lesen und schreiben lernen würde. Und zwar ganz schnell. Dann wäre ich nicht mehr darauf angewiesen, dass jemand Zeit zum Vorlesen hätte. Außerdem könnte ich dann alles lesen, was Buchstaben hat. Das klang verlockend. Allerdings wohnte in der Nachbarschaft auch ein Junge, der schon in die sechste Klasse ging und mir weniger Nettes aus der Schule erzählen konnte. Zum Beispiel, dass es in jedem Klassenzimmer eine „Eselsecke" gab, in der die bösen Kinder stehen müssten, bis sie selbst zu Eseln geworden sind. Das hörte sich überhaupt nicht gut an, ebenso wenig die Sache mit dem Tatzenstock und den Strafarbeiten. Ich habe mir also vorgenommen, besonders brav zu sein, damit mir so was nicht passiert. Und doch wurde ich gleich am ersten Schultag von der Frau Lehrerin gerügt! Eigentlich stand sie ja vorne neben der Tafel und sprach, während ich mich heimlich nach der Eselsecke umschaute. Welche von den vier Ecken war es wohl? Die direkt neben der Tür vorne rechts, oder neben dem Fenster vorne links, oder eine hinter mir? Konnte man das der Ecke ansehen? Waren wohl schon viele Kinder zu Eseln geworden? Ich versuchte mich zu erinnern, was mir der Nachbarsjunge noch alles über diese Eselsecken erzählt hat, da stand schon Frau Jaumann neben mir und sagte mit strenger Stimme: „Du sollst nicht im Zimmer um- herschauen, sondern aufpassen." Mir schoss es ganz heiß ins Ge- sicht! Ob ich jetzt wohl schneller als mir lieb war herausbekom- men würde, wo die Eselsecke war? Aber es war ja erster Schultag, da hatte die Lehrerin wohl noch ein Einsehen mit mir. Aber jetzt wusste ich, wie schnell man in der Schule etwas falsch machen konnte! Die Leute, die mich davor gewarnt hatten, hatten wohl recht. Und von wegen lesen und schreiben können! Obwohl ich den ganzen Vormittag lang in der Schule war, konnte ich am Nachmittag genauso wenig lesen wie vorher. Alles Bluff! Auch die Schultüte war ein Bluff. Unten ganz viel Zeitungspapier, dann einige Äpfel, ganz obenauf eine Tüte Hustenbonbons und eine ziemlich kleine Tafel Schokolade. Dafür sollte ich dann noch in den Fotoapparat lächeln? Ich machte ein ganz ernstes Gesicht — dem Anlass angemessen. Herausbekommen habe ich übrigens auch später nicht, wo die Eselsecke war. Die war damals wohl schon abgeschafft, auch der Tatzenstock trat nicht mehr in Aktion. Aber das mit dem ganz anderen Wind, das hat gestimmt.

Die Zeit der Einschulung verging wie im Flug. Uns wurde durch die Lehrerin viel erklärt, was wir mitbringen müssen und wie der Ablauf ist. Wir bekamen Merkblätter für den

Einkauf der Schulhefte, Tafel und Stifte und alle waren rundum zufrieden.

Keiner von uns ahnte, dass ab diesem ersten Schultag sich zwischen den über fünfzig so unterschiedlichen Mädchen eine Gemeinschaft entwickelte, die in den acht Schuljahren stark zusammenwuchs. Eine Gemeinschaft, die über die achte Klasse hinaus, bis zum heutigen Tag, von allen Seiten und von jedem auf seine Art und Weise gepflegt wird. Egal wer auch weiterführende Schulen besuchte oder später in eine andere Stadt zog, der harte Kern blieb sich treu.

Was haben wir nicht alles erlebt in diesen acht bzw. zehn Schuljahren und den weiteren siebenundfünfzig Jahren mit unseren schönen und regelmäßigen Klassentreffen ab dem zwanzigsten Lebensjahr.

Das erste Schuljahr

Das erste Schuljahr war so aufregend. Die Klasse war sehr groß, wir saßen in engen Schulbänken, nicht an Tischen. Das Schreiben mit dem Griffel auf der Schiefertafel war gar nicht so einfach. Einfach war es nur für die Eltern, schwupp di wupp war alles weggewischt, wenn man nicht schön bzw. richtig geschrieben hat, das war ja so gemein. Und da war auch noch das Lesebuch. Groß und schwer war es, aber auch lustig und interessant. Die vielen kleinen Geschichten mit „Susi und Otto" und die bunten Bilder haben uns fasziniert. Das aufregende Spiel mit den Zahlen in der Rechenstunde, da konnte man die kleinen Köpfe rauchen sehen. Interessant war auch der Religionsunterricht. Durch eine nette junge Katechetin, Frl. Tiller, mit einer ganz starken dicken Brille auf der Nase, erhielten wir die ersten Unterweisungen in Glaubensfragen. Der Katechismus mit seinen bunten und interessanten Bildern war für die kleinen Mädchen irgendwie faszinierend. Auch der Bastel- und Zeichenunterricht hatte so seine Reize. Wir haben geklebt und ausgeschnitten, gefaltet, gebastelt und gemalt. Wir waren stolz, wenn wir für unsere guten Arbeiten goldene Sterne bekamen, je nach Leistung große, mittlere oder kleine Sterne, die dann auf das Arbeitsblatt geklebt wurden.

In jedem Schulhaus gab es einen Hausmeister. So auch bei uns. Das war Herr Niklas. Wenn man morgens zur Schule kam, dann stand er oft auf der Treppe und rauchte. Auch tagsüber. Er war überhaupt ein starker Raucher. Wenn er so dastand, hat er von der Schultreppe aus in die Runde geschaut. Wenn man dann durch die Judengasse auf das Schulhaus zuging, da lief man ganz ruhig und brav, denn sein Blick sprach Bände. Und außerdem, wir waren Mädchen. Die wussten damals alle, was sich gehörte.

Ab der dritten Klasse kam dann ein neuer Hausmeister. Das war Herr Huith. Es änderte sich nicht viel. Auch sein Organ war laut. Und auch er regierte im Haus mit strenger Hand.

In einer katholischen Schule, das ist klar, kommt natürlich am 6. Dezember der Nikolaus. Und besonders der erste Nikolausbesuch in der ersten Klasse war Aufregung pur. Eine, nämlich unsere Christa, ihres Zeichens „Laubfrosch" genannt, die schon den ersten Schultag in tief bleibender Erinnerung in ihrem Kopf verankert hat, erinnert sich ganz besonders stark an diesen für uns damals sehr exotischen Besucher.

Nikolaustag in der ersten Klasse. Gespannt und mucksmäuschenstill saßen wir in unseren Schulbänken und harrten der Dinge, die da kommen sollten. Irgendwie wirkte selbst die Lehrerin nervös – und es dauerte, dauerte, dauerte bis endlich die Türe aufging und Sankt Nikolaus herein kam. Wie, das sollte der Nikolaus sein? Kein Bart, kein rotes Gewand, keine rote Nikolausmütze mit weißem Pelz? Stattdessen hatte dieser Nikolaus ein langes weißes Nachthemd unter einem goldfarbenen Mantel an, eine spitze Tüte auf dem Kopf und einen langen Spazierstock in der Hand. Ah, das sollte also der Bischof Nikolaus sein. Einen Knecht Rupprecht hatte er auch dabei, aber der hatte nicht mal eine Rute mit. Und er war außerdem eine Frau. Immerhin hatte das seltsame Gespann einen großen Sack dabei, voller Geschenke für alle braven Kinder. Also auch für mich, denn ich war die letzten Wochen ausgesprochen brav! Jeden Tag die Hausaufgaben gemacht, nur gesprochen wenn ich aufgerufen wurde, höflich, ruhig und bescheiden mit der Banknachbarin den Platz geteilt und großen Respekt vor unserer Lehrerin gezeigt. Und heute sollte ich also die Belohnung für all diese Anstrengungen erhalten. Die Gehilfin des Nikolausbischofs kramte im Sack, holte ein Päckchen raus und las den Namen vor. Nicht meiner. Eine andere Mitschülerin bekam das Päckchen. Der Nikolaus murmelte was von „warst wohl brav, sollst auch weiterhin brav sein", und die Klassenkameradin drückte ihr Päckchen an sich. Auch der nächste Name war nicht der meine, ebenso wenig der übernächste. Wir waren eine große Klasse, und so hieß es warten. Ich wartete und beobachtete mit großen Augen die vielen bunten Päckchen und Schachteln, die da verteilt wurden. Kleinere und größere. Und dann ein besonders großes. Ein spitzer Freudenschrei – und ausgerechnet das schlimmste Mädchen der ganzen Klasse bekam das bisher größte Paket, das aus diesem Sack kam. Ich wunderte mich ein wenig und malte mir aber gleich aus, *wie groß dann wohl mein Paket ausfallen würde! Jetzt konnte ich es kaum noch erwarten. Außerdem plagte mich zunehmend die Frage, wie ich denn um alles in der Welt ein großes, schweres Paket alleine nach Hause bringen sollte. Derart in Sorge wartete ich, bis endlich mein Name fiel. Ich durfte aufstehen. Und der Nikolaus sagte wieder was von „brav sein und brav bleiben", während er mir ein kleines Säckchen hinhielt. Was sollte ich mit dem winzigen Säckchen? Ich wollte mein Riesenpaket und blieb einfach mal stehen. Aber dann drückte mir Frau Jaumann das Säckchen fester in die Hand und schob mich wieder auf meinen Platz.*

Einige Jahre später habe ich heraus bekommen, dass unsere Eltern eigentlich nur „eine Kleinigkeit" für den Nikolausbesuch in der Klasse abgeben sollten, und meine Mutter ein Säckchen mit einer handvoll Nüsse und Plätzchen als ausreichend klein betrachtet hat. Wie unterschiedlich solche gut gemeinten „Kleinigkeiten" ausfallen können, habe ich seither noch öfter erfahren. Aber nie mehr so eindringlich wie beim Nikolausbesuch in der ersten Klasse.

Der Schulalltag

Nicht nur der Nikolausbesuch, auch sonst ist uns viel in Erinnerung geblieben aus unserem Schulbesuch. Vor allen Dingen das Schulhaus in der Judengasse mit dieser strengen Trennung der Konfessionen. Es war für uns Schulkinder schwer zu verstehen, dass wir in diesem Schulhaus so streng von den evangelischen Mädchen getrennt waren. Nicht nur im Schulhaus und in den Klassenzimmern, nein, sogar im Pausenhof nach dem Motto: „Zur linken Seite die Guten und zur rechten die Schlechten." Aber da waren doch so viele Mädchen, mit denen wir in der Nachbarschaft aufgewachsen sind, mit denen wir in den Kindergarten gegangen sind und auf der Straße gespielt und gelacht haben. Und jetzt sollten das irgendwo unsere „Klassenfeinde" sein? Komisch! Wir sollten nicht miteinander spielen im Pausenhof, sich nach Möglichkeit gar nicht beachten. Ja selbst die Lehrer achteten streng darauf, dass diese Trennung auch eingehalten wurde. Auch können wir uns kaum daran erinnern, die Lehrerschaft gemeinsam vereint angetroffen zu haben. Auch da war immer jede Konfession für sich. Wobei wir sagen können, dass wir manchmal immer etwas neidisch auf die flotten weltlichen Lehrerinnen, insbesondere Frau Moser, jung blond, sportlich und fröhlich, geblickt haben.

Jedes Jahr zum Stabenfest (das traditionelle Nördlinger Kinderfest) durften wir einen Reigen tanzen und Lieder singen. Wir probten den Tanz im Pausenhof. Auch hier zur Linken katholisch, zur Rechten evangelisch. Jetzt entstand da ein richtiger Tanz- und Gesangswettbewerb. Welche Konfession tanzte besser bzw. sang lauter oder besser. Welche Mädchengruppe war richtig sittsam, wer konnte sich am besten benehmen und lief am korrektesten durch das Schulhaus? Das war Spannung pur. Einen Vorteil hatte es aber mit den evangelischen Mädchen in einem Schulhaus zu sein. Es war im Pausenhof nicht gar so streng. Wir durften da sogar Gummitwist hüpfen und das wurde in dieser Zeit ganz ausgiebig durchgeführt. Ich konnte immer prima für Gumminachschub sorgen, denn meine Mutter arbeitete derzeit bei der Miederfirma Triumph, und da gab es immer mal wieder ausrangierte Gummibänder.

Das Schulhaus wirkte zwar düster, aber irgendwie auch imposant. Diese breiten Holztreppen, die in die oberen

Stockwerke führten, die Gemälde von alten Meistern aus früheren Epochen, die dunkel und düster auf uns Schüler von der Wand herabblickten, das hatte schon was. Dazu der strenge Hausmeister Niklas (später Herr Huit). Ihre Stimmen waren nicht zu überhören. Die hatten uns ganz schön im Griff. Keiner hätte sich hier erlaubt, irgendwie gegen Sitte und Ordnung zu verstoßen, geschweige denn Graffitimalerei oder einen bewaffneten Amoklauf zu starten. Hier herrschte Ruhe und Ordnung im ganzen Haus. Kein großer Lärm und kein Geschrei, Abfall, Papier oder Ähnliches wegzuwerfen, oh je, wenn das der Niklas sah, hat er nur einen Pfiff oder Brüller losgelassen. Das bedeutete bücken, aufheben und in den Abfalleimer bringen, und zwar ohne wenn und aber. Wände oder Toiletten verschmieren, keine Chance, der hätte uns bei den Ohren genommen und gezeigt wo wir hingehören.

Neben dem Schulhaus war das „Hexenhaus". Ach wie war das für uns unheimlich. Ein altes, kleines, buckeliges, windschiefes Haus, das sich da so richtig in die Judengasse hinein duckte. Oft ging oben ein Fenster auf und die „alte Müllerin", wie wir sie nannten, streckte ihren Kopf zum Fenster raus. Das machte uns zum Teil Angst, denn die hagere alte Person, mit den dünnen, grauen, manchmal etwas strähnigen, halblangen Haaren wirkte auf uns furchterregend. Für uns Kinder war das ja wirklich ein Hexenhaus und sie war die Hexe und unsere Fantasie spielte uns da sehr oft einen Streich. Sie setzte Bilder in unser Unterbewusstsein, die wir bis heute nicht vergessen haben.

In der Schule war es immer etwas Besonderes, wenn in der Pause Milch und Kakao verkauft wurde. Automaten, belegte Brötchen oder sonstigen Schnickschnack, das gab es damals alles nicht. Man hat sich schon gefreut, wenn man mal das Geld für eine Kakaotüte von zu Hause mitbekommen hatte oder wenn die Bäckerfrau kam und man durfte sich eine Brezel kaufen, vielleicht sogar einen Bienenstich. Mehr war aber nicht drin, aber komischer Weise waren alle zufrieden.

Was wir hatten, und das war natürlich toll, das war unser Filmraum im Keller. Ach wie war das schön, wenn es mal wieder hieß, heute dürfen wir einen Film anschauen. Leise und in Zweierreihen ging es durch das Schulhaus in den Keller zur Filmvorführung. Ehrfurchtsvoll haben wir den Filmraum betreten. Im Hintergrund surrte und knatterten die Schmalfilmspulen am Projektor. Die Luft war immer etwas stickig. Wenn die Fenster dann mit den dunklen Vorhängen abgedunkelt wurden, dann kehrte eine tiefe Stille im Raum ein. Gespannt verfolgten wir den Filmablauf auf der Leinwand. Das war eine Sensation, denn wer von uns konnte es sich leisten ins Kino zu gehen oder wer überhaupt hatte einen Fernseher zu Hause? Das gab es kaum und wenn, dann durfte man nicht schauen und für das Kino war kein Geld da. Darum saßen wir im Filmraum immer ganz ehrfurchtsvoll und harrten der Dinge, die da kommen. Meistens waren es schwarz/weiß Filme, wie z.B. der Film Hase und Igel oder auch Feldmaus und Stadtmaus.

An einen Film erinnere ich mich besonders, er hieß Gipsy bzw. der Film hieß „Treue". Es handelte sich dabei um ein kleines Mädchen und ein Pferd. Ich fand das immer so aufregend, dass dieses Pferd das kleine Mädchen täglich am Nachmittag Punkt 16:00 Uhr von der Schule abgeholt hat. Es ist zu Hause einfach aus dem Stall oder aus der Koppel ausgebüxt und stand immer pünktlich zum Schulschluss vor dem Schulfenster und hat dort sogar manchmal seinen Kopf in den Klassenraum hineingesteckt. Durch eine große Dürre im Land wurde das Wasser knapp, es gab kein Futter mehr. Das Pferd musste aus Kostengründen verkauft werden. Es durchlebte eine schlimme Odyssee, kehrte aber immer wieder zu dem kleinen Mädchen zurück. Selbst ein Weg von über fünfhundert Meilen konnte das Tier nicht abhalten, sich wieder auf den Weg nach Hause zu machen. Abgekämpft und zerschunden erreichte es die kleine Landschule, um dort erneut auf das Mädchen um 16:00 Uhr zu warten. Ein wunderschöner Film, der in mir Sehnsüchte weckte und den ich immer wieder mit der Schule in der Judengasse in Nördlingen verbinde, weil ich ihn da zum ersten Mal gesehen habe und mein kleines Herz mit dem Mädchen und dem Pferd gelitten hat.

Das Stabenfest

Im Mai fand immer das Stabenfest statt. Das Stabenfest ist ein traditionelles Kinderfest, das auf eine Begebenheit im Mittelalter zurückgreift. Im ersten Schuljahr durften wir zum ersten Mal mit einem Blumenkörbchen in der Hand und einem Blumenkranz im Haar mit dem Umzug durch die Stadt marschieren bis zur Kaiserwiese. Die Kaiserwiese war als Festwiese geschmückt. Karussell, Schieß- und Würstchenbuden und ein großes Bierzelt waren für diesen Tag aufgebaut.

Schon Wochen vorher waren die Vorbereitungen im Gange. Schließlich tanzten die kleinen Mädchen einen Reigen am Nachmittag auf der Festwiese und dieser Reigen musste vorher geübt und einstudiert werden. Auch die Stabenlieder wurden gelernt. Für uns war das besonders schwer, denn wir kannten ja gar keinen Text. Für die älteren Schüler war das einfacher. Die Vorbereitungen waren nicht leicht, wiederholten sich dann aber jedes Jahr auf ähnliche Art und Weise. Im ersten Jahr allerdings war es besonders schön und aufregend. Die Nacht vorher konnten wir fast nicht schlafen, so aufgeregt waren alle. Die Eltern haben am Tag vorher Blumen besorgt, meistens haben wir sie auf der Wiese hinter unserem Haus gepflückt, andere hatten Blumen im Garten.

Ich weiß noch sehr gut, dass wir später immer mehrere Kinder waren, die jedes Jahr, am Tag vor dem Stabenfest, mit der lieben Nachbarin unserer Mitschülerin Gudrun, gemeinsam in den Wiesen und Sumpfgebieten, bei der Hohen Weg Brücke im Wemdingerviertel, die Blumen gesammelt haben. Das war so eine nette Frau, die so viel zu erzählen wusste. Da war sogar unsere immer sehr lebhafte Gudrun ruhig und friedlich. Wir Kinder hüpften durch das hohe Gras und die große Wiese war dicht gesät mit herrlichen, vielen verschiedenen bunten Blumen. Blutströpfchen und Margeriten, Gänseblümchen, Sumpfdotterblumen und Butterblumen, Veilchen und Vergissmeinnicht, wilde Wicken, Mohnblumen und herrliche Gräser Nie mehr habe ich jemals wieder eine so schöne Blumenwiese mit einem kleinen Bach und Sumpfgebiet gesehen. Leider, leider wurde dieses schöne Fleckchen Erde einige Jahre später Baugebiet, allerdings war ich da schon nicht mehr in der Schule. Die gepflückten Blumen wurden über Nacht ins Wasser gestellt, damit sie am anderen Morgen frisch waren und in das Blumenkörbchen gelegt werden konnten. Im weiteren Verlauf der Jahre wurde aus dem Blumenkörbchen ein Blumen-

kranz, den man an einem Stab (Stabenfest) befestigte und mit Bändern verzierte. Oh wie war man da stolz, wenn man diesen bunten Kranz tragen durfte.

Sie waren hübsch anzusehen die kleinen Mädchen mit ihren schönen Kleidern, ei-nem Kranz im Haar und das Blumenkörbchen in der Hand. So marschierten wir anlässlich unseres ersten Stabenfestes im Mai 1961, unter der Führung unserer Lehrerin Frau Jaumann, durch die Stadt. Am Weinmarkt machte der ganze Umzug halt, denn dort hielt der Bürgermeister eine Ansprache und ein Kind durfte ein Gedicht aufsagen und dem Bürgermeister einen Blumenstrauß überreichen. Dann wurden gemeinsam Lieder gesungen, die ich heute noch zum Teil auswendig kann. Zum Abschluss schwenkten die Buben und Mädchen ihre Fahnen, Bäume, Stäbe und Blumen. Alle Kinder jubelten ganz laut, warum, das war mir lange nicht bewusst. Aber es sollte wohl so sein, denn Jahr für Jahr wiederholte sich der Ablauf und Jahr für Jahr herrschte eine große Vorfreude und Aufregung.

Ach ich hätte auch mal so gerne ein Gedicht auf der großen Ehrentribüne vor dem

Bürgermeister aufgesagt, aber an mich hätte ja bei Gott kein Mensch gedacht. Ich fühlte mich damals sehr benachteiligt, denn meist durften die Kinder ein Gedicht aufsagen, deren Eltern bekannt waren oder für mich gesehen eben ganz einfach einen guten Draht zur „Obrigkeit" hatten. Äußerst ungerecht fand ich es auch, dass die Buben, anlässlich

des Stabenfestes, auf der Festwiese immer eine hohe dicke Holzstange hochklettern durften. Oben hingen an einem runden großen Ring immer viele verschiedene schöne Preise und Geschenke und was bekamen wir? Wir mussten wochenlang im Pausenhof in Konkurrenz mit den „Evangelischen" den Reigen üben, was ja

sehr schön und auch aufregend war und man ließ sich ja auch gerne bewundern beim Reigentanz auf der Festwiese. Aber dass wir dafür jedes Jahr immer nur eine Rolle Prinzenkekse bekommen haben, das fand ich dann doch etwas popelig. Ich wäre auch gerne die Stange hochgeklettert, um einen Preis zu bekommen.

Zum Stabenfest gehört, auch heute noch, natürlich auch die Stabenwurst. Das sind schmackhafte Rostbratwürste nach einem ganz besonderen „Nördlinger Rezept", die dann roh auf dem Holzkohlenrost gebraten werden. In eine frische Semmel gepackt schmeckt das heute noch so richtig gut. Jedes Schulkind bekam durch die Lehrerin verteilt eine Würstchenmarke von der Stadt Nördlingen anlässlich des Stabenfestes geschenkt. Nach dem Umzug war man dann nicht mehr zu halten. Der Hunger war ja so groß und man hat ganz schnell versucht, diese Marke am Wurststand einzulösen. Frage nicht, wie lange wir da oft gestanden und gewartet haben. Aber, es hat sich gelohnt.

Schön war es immer unser Stabenfest und schön ist es auch heute noch. Am eigentlichen Ablauf hat sich kaum etwas geändert. Zu diesem Fest kommen jedes Jahr Nördlinger aus nah und fern. Sie kommen von auswärts um die Heimat zu besuchen und Erinnerungen aufzufrischen. Gleichgeblieben ist das Stabenlied, das während des Umzuges durch die Straßen der Stadt Nördlingen von den Kindern gesungen wird. Zahlreiche Musikkapellen begleiten den Umzug und spielen die Melodie dazu. Ebenso das Rieser Heimatlied und das Dankeslied, das jedes Jahr nach der Ansprache des Bürgermeisters von allen gesungen wird. Das habe ich immer noch als ganz feierlich in Erinnerung und kann heute noch mitsingen, denn den Text und die Melodie habe ich nicht vergessen.

Stabenlied
(Text: Friedrich Walter)

1.

Kinder lasst die Schule sein. Stabenfest ist heut! Alle wollen wir uns freu`n. Jung und alte Leut! Frühling ist nun eingekehrt, fort die Winternacht, er hat wieder uns beschert seine Blütenpracht.

2.

Durch die Straßen ziehen wir, tragen grünen Mai. Mädchen schmückt der Kränzlein Zier, Buben singen frei. Fahnen leuchten weiß und blau wie das Himmelszelt, fort ist nun der Wolken Grau, jung ist unsr`e Welt.

3.

Auf die Kaiserwiese ziehn wir mit frohem Klang, draußen wird bei Spiel und Tanz uns die Zeit nicht lang. Laben uns an Stabenwurt, Brezen und an Bier, auch fünf Mark fürs Karussell schenkt der Vater mir.

Rieser Heimatlied
(Text: Friedrich Völklein)

1.
Wogende Getreidefelder, Lerchen über Flur und Rain, und am Uferrand die Wälder, in der Seele Sonnenschein.

2.
Willst du da um Worte ringen, wo dein Herz vor Freude glüht, von der Heimat musst du singen, singen mit dem schönsten Lied.

3.
Wo die lichten Dörflein liegen in dem weit gespannten Kreis, und die muntren Schwalben fliegen, um des Bauern Erntefleiß.

4.

Einfachheit wird hier zum Ruhme, und die Arbeit wehrt der Not,
und die Scholle und die Krume, wandelt sich in täglich Brot.

....

Dankeslied:
Nun danket alle Gott

1.

Nun danket alle Gott / mit Herzen, Mund und Händen,
der große Dinge tut / an uns und allen Enden,
der uns von Mutterleib / und Kindesbeinen an
unzählig viel zu gut / bis hierher hat getan.

2.

Der ewigreiche Gott / woll uns bei unserm Leben
ein immer fröhlich Herz / und edlen Frieden geben
und uns in seiner Gnad / erhalten fort und fort
und uns aus aller Not / erlösen hier und dort.

3.

Lob, Ehr und Preis sei Gott / dem Vater und dem Sohne
und Gott dem Heilgen Geist / im höchsten Himmelsthrone,
ihm, dem dreiein'gen Gott, / wie es im Anfang war
und ist und bleiben wird / so jetzt und immerdar.

Ja so ein Fest, das war schon immer wieder ein Lichtblick in der doch manchmal anstrengenden Schulära.

Aber nicht nur das Stabenfest war ein besonderes Ereignis. Da gab es für uns auch noch die Nördlinger Messe. Ursprünglich noch in der Innenstadt, später auf der Kaiserwiese, wo sie uns bis zum heutigen Tag immer noch anlockt.

Da waren die Fronleichnamsprozessionen, an denen die Schulkinder teilnahmen. Auch da traf man sich nachmittags im Dehlergarten, später im Sixengarten. Es gab Stabenwürste und Bier aus dem Maßkrug. Die Menschen plauderten und waren fröhlich.

Der erste Schulausflug

Wunderbar in meiner Erinnerung blieb auch der erste Schulausflug zum Abschluss der ersten Klasse. Wir fuhren mit dem Zug alle zusammen nach Harburg. Ausgestattet mit einem kleinen Beutel oder Rucksack, sowie einer kleinen Plastikflasche mit Tee oder Saft und einem Minitaschengeld, fuhren wir mit dem Zug von Nördlingen nach Harburg und marschierten dann gemeinsam vom Bahnhof Harburg hinauf zur Burg. Dieses gewaltige Gebäude und die damit verbundenen schaurigen Geschichten bereiteten uns ganz schön weiche Knie. Wir machten eine Burgbesichtigung, lernten das dunkle Verlies und die Folterkammer kennen und warfen Steine in den ach so tiefen Burgbrunnen.

Anschließend wanderten wir weiter durch den Wald zur Waldschänke Eisbrunn, wo wir alle gemeinsam im Biergarten unsere mitgebrachte Brotzeit verspeisten. Zur Krönung konnte man sich noch eine Limonade oder auch ein Eis am Kiosk kaufen und sich auf dem Spielplatz so richtig austoben. Ich weiß noch gut, dass die eine oder andere Mutter mit beim Ausflug dabei war, besonders an Frau Hansel erinnere ich mich, sie hatte eine liebe Ausstrahlung, kleine blitzende Äuglein und einen großen Haarknoten im Nacken. Diese große Kinderschar konnte unsere Lehrerin nicht alleine unter Kontrolle halten. Fast habe ich es ein wenig bedauert, dass meine Mutter nicht dabei war, aber sie musste arbeiten gehen und hatte keine Zeit.

Es tut sich was

In der zweiten Klasse bekamen wir eine neue Klassenlehrerin, Frau Theimer. Die Klasse war immer noch sehr groß, es sind Schülerinnen Sitzen geblieben (so nannte man das damals, wenn eine Schülerin nicht in die nächste Klasse versetzt wurde), andere kamen aus der dritten Klasse zu uns, die ebenfalls Sitzen geblieben sind. Wir saßen immer noch eingeengt in unseren Schulbänken mit Tintenfass und blickten auf die dunklen, immer gut geölten Holzfußböden. Frau Theimer war ganz anders als Frau Jaumann, eine große etwas hagere Person mit Brille und einer etwas strengen oder vielleicht auch nur korrekten Ausstrahlung und sie trug gerne mal eine dunkelblaue Strickjacke.

Ab der zweiten Klasse hatten wir auch Handarbeiten bei Frau Wysofski. Mei war das aufregend. Häkeln und sticken, später noch nähen, flicken und stricken. Und das immer nachmittags. Wir mussten also mittags den weiten Schulweg von der Judengasse ins Wemdinger Viertel nach Hause laufen, Mittagessen und den weiten Schulweg wieder zurück in die Stadt und am späten Nachmittag wieder nach Hause. Und dann waren da noch Hausaufgaben, ganz schön anstrengend. Und das blühte uns drei Mal die Woche, denn Zeichnen und Sport war auch nachmittags. Keiner hat uns gefragt wie wir das schaffen, keiner hat uns mit dem Auto gefahren. Fahrrad hatte fast keine von uns, das war Luxus pur und wer konnte sich damals schon Luxus leisten? Fast niemand. Ich bekam mein erstes Rad zur Kommunion, das habe ich mir von meinem geschenkten Kommuni-ongeld gekauft. Und trotzdem oder gerade deshalb, weil alle fast gleich „reich oder arm" waren, gab es da keine Probleme, kein Jammern oder Zähneknirschen, es war einfach mal so. Insgeheim wurden aber die Mädchen, die innerhalb der Stadtmauer wohnten, schon beneidet, denn sie waren schnell zu Hause und schnell in der Schule. Die Kinder aus den neuen Wohngebieten hatten da ganz schön das Nachsehen.

Sehr verführerisch war es für die Kinder aus dem Wemdinger Viertel. Die mussten auf dem Schulweg immer an der Bäckerei Held vorbei. Da roch es so herrlich nach Backwaren. Leider ließ es das magere Taschengeld nicht zu, sich diese Leckereien zu kaufen. Vielleicht mal einen Mohrenkopf (damals durfte man noch Mohrenkopf sagen und keiner hat es mit Spott oder Diskriminierung in Verbindung gebracht, deshalb bleibe ich auch beim Mohrenkopf) für zehn Pfennige oder die verschiedenen bunten Brausestäbchen. Sie wurden immer in eine kleine Tüte verpackt und für zehn Pfennige war die Tüte voll. Oh was war das für ein Genuss, ganz lange an diesen Brausestäbchen zu lecken. Im Sommer lockte dann auch noch die Eisfahne und jetzt fiel die Entscheidung oft wirklich schwer, denn auch die Kugel Eis in der Waffel kostete zehn Pfennige und es gab eben ein-

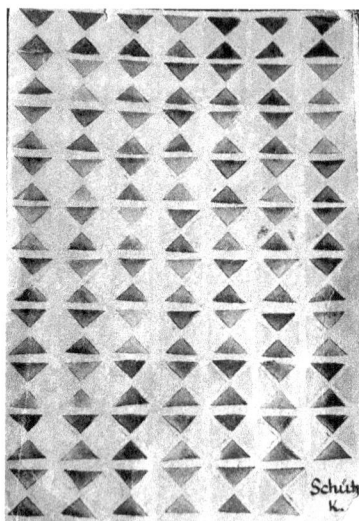

fach nur mal dieses eine Zehn-Pfennigstück, gar nicht so ganz leicht für das verführerische Kinderherz.

Vor dem Bäckerladen gab es aber noch einen so richtigen Tante Emmaladen auf dem Schulweg. Heute ist es ein pompöses Eckhaus und es befindet sich darin ein ganz großer Brillen Anbieter. Zu unserer Schulzeit war dies ein altes Eckhaus. In der Wand gab es einen Automaten mit Schokolade und anderen Naschartikeln und vor dem Laden standen oft Kisten mit Obst und vor allen Dingen Trockenpflaumen. Der Laden wurde von einer Frau Nüchter betrieben. Eine für uns damals schon sehr alt wirkende, total schrullige Ladenbesitzerin, die immer gefroren hat. Sommer wie Winter. Wenn man durch die hohe alte Eingangstüre den Laden betrat, dann kam man da tatsächlich in einen Eiskeller. Der große Raum war sehr hoch und alles stand kreuz und quer. Es roch nach Fisch, Gewürzen, Obst und allem Möglichen. Öffnete man die Türe, so schlug eine kleine Glocke an. Ab dem Läuten dauerte es meist sehr lange, bis die Ladenbesitzerin den Laden betrat. Sie kam wahrscheinlich aus einem der oberen Stockwerke oder aus dem hinteren Hausteil, denn immer war sie nicht im Laden. Man traf auch so kaum Kunden im Laden (kein Wunder bei diesem Chaos), aber immer mal wieder Schülerinnen, die sich auf dem Schulweg etwas zum Naschen oder zum Trinken kaufen wollten.

Frau Nüchter trug immer eine dicke graue Strickjacke und die Ärmel der Strickjacke schützten dunkle Ärmelschoner. Dazu trug sie eine alte ausgebeulte dunkelblaue Trainingshose und eine graublaue gestreifte Halbschürze darüber, dicke Socken, Filzpantoffel und einen Schal. Sie war schon sehr sonderbar. Wenn man etwas zu trinken haben wollte, dann musste sie erst immer in den Keller gehen. Was hat man da als Kind gemacht? Klar man hat das ganz schnell ausgenutzt und diese Frau Nüchter wegen jeder Flasche Cola in den Keller geschickt und in der Zwischenzeit haben wir heimlich Naschsachen, bzw. Bonbons stibitzt. Die großen Glasbehälter standen so verführerisch vor unserer Nase, da musste man einfach zugreifen.

Aber nicht nur das. An der Hauswand neben dem Laden war ein Automat in die Mauer eingebaut. Der Automat bestand aus vier oder fünf Klappfächern. In jedem Fach lag eine andere Nascherei jeweils zum Preis von einer Mark oder 50 Pfennig. Wenn man das Geld dafür in den Schlitz warf, so konnte man eine Klappe runterziehen und die Ware (Schokolade oder Kekse je nachdem) entnehmen. Schnell hatte man heraus, dass wenn man die Klappe ganz langsam wieder zurückführte, dann wieder eine neue Ware nachrutscht, die Klappe aber noch nicht ganz geschlossen war. Somit konnte man zwei Fliegen mit einer Klappe schlagen.

Das alles hat sich schnell herumgesprochen und wurde regelrecht ausgenutzt. Heute entlockt mir diese Erinnerung ein tief zu Herzen gehendes Schmunzeln, aber auch ein leichtes Bedauern, die arme alte Frau Nüchter betreffend.

Unsere Handarbeitslehrerin Frau Wysofski wohnte in einer Genossenschaftswohnung und lief immer von der Acker Strasse im Wemdinger Viertel bis in die Stadt. Dabei trug sie eine sehr schöne stabile, etwas größere braune Ledertasche mit zwei kurzen Griffen an ihrem Arm. Und wenn wir ihr begegnet sind, dann durften wir auch mit ihr zusammen laufen, und man konnte sich ganz gut mit ihr unterhalten, soweit es ihre Luftprobleme mitgemacht haben.

Frau Wysofski hat immer schlecht Luft gekommen, sie war Asthmatikerin und hatte auf der Oberlippe immer einen lilafarbenen Punkt, sah aus wie ein Muttermal, aber eben lila, vielleicht weil sie immer keine Luft bekam. Sie kam mir ewig alt vor, aber als Kind kann man das wahrscheinlich nicht so gut einschätzen. Sie hat immer ganz schön gejappst, wenn wir nicht ruhig waren und sie Mühe hatte, sich bei uns durchzusetzen oder wenn sie die vielen Treppen im Schulhaus, zum Handarbeitsraum, hoch laufen musste.

Sie war sehr streng, aber auch sehr nett, eben eine richtig korrekte Handarbeitslehrerin. Im Winter, da hat sie uns während der Handarbeitsstunde oft mal aus einem Buch eine Geschichte vorgelesen bzw. ein ganzes Buch auf mehrere Male. Ihr Lieblingsbuch war Heidi von Johanna Spyri, die schöne Geschichte aus den Schweizer Alpen mit dem Geißen Peter. Das war immer sehr schön. Man konnte ruhig arbeiten, manchmal fast dabei einschlafen. Wenn sie wegen ihrer Atemnot nicht mehr lesen konnte, dann durfte eine Schülerin weiterlesen und sie hat in dieser Zeit an deren Handarbeit gearbeitet.

Meine Arbeiten sahen nicht so gut aus, ich habe immer während des Unterrichts heimlich gegessen und wenn das Mandarinen waren, dann kann man sich vorstellen, wie die Arbeit ausgesehen hat. Ich hatte überhaupt keinen so guten Stand bei ihr. Aber daran war mal wieder meine ältere Schwester Schuld. Weil meine Schwester, sie ist drei Jahre älter als ich, keinen so guten Eindruck bei dieser Handarbeitslehrerin hinterlassen hat, wurde ich da natürlich sofort mit auf eine Stufe gestellt. Das ist mir aber nicht nur bei der

Handarbeitslehrerin passiert, das zog sich zum Teil wie ein roter Faden durch die Schulzeit, im positiven, wie auch im negativen Sinn Ich kam mir irgendwie immer vor wie der Luser. So besonders begeistert war Frau Wysofski auf jeden Fall von meinen Handarbeitskünsten nicht. Schade, dass sie meinen Werdegang nicht weiterverfolgt hat, dann hätte sie nämlich mitbekommen, dass ich als ganz junge Frau einige Nähkurse besucht habe und zum Schluss sehr gut nähen konnte. Vom Faltenrock bis zum Partykleid, alles aus eigener Hand, da hätte ich Frau Wysofski lachend in die Tasche gesteckt mit meinen Künsten. Auch meine Knopflöcher waren super (Maschinenarbeit), da müsste sie mir heute noch Abbitte leisten mit ihrem vielen Kopfschütteln, wenn sie meine Arbeiten im Unterricht betrachtet hat.

Ein frischer Wind weht

Ab der dritten Klasse, da wehte dann ein anderer Wind. Zwar hatten wir jetzt endlich kleine Tische mit Stühlen und nicht mehr die steifen Bänke, dafür aber eine neue, strenge Klassenlehrerin. Schwester Petra Holland, ihres Zeichens Nonne des Klosters Maria Stern. Sie brachte gleich von Anfang an so richtigen Schwung in die Klasse und zeigte uns sofort, wo es lang geht. Mir hat gleich zu Beginn imponiert, dass sie meinen Namen trug. Ich sah das als gutes Omen. Ihre hagere, asketische Gestalt und das kleine schmale Gesicht unter der großen Nonnenhaube war damals schon was Besonderes. Ihre wachen, scharfen Augen hinter der Brille, denen nichts, aber auch gar nichts entging, was sich da so in der Klasse abspielte, hat wohl keine vergessen. Ihre Stimme war fest, ihr Lächeln manchmal weich und doch hart, und sie ließ dabei die Goldecke an ihrem Zahn blitzen. Aber irgendwie war sie immer mit Vorsicht zu genießen, denn an ihr wirkte alles streng. Nur wenn der Stadtpfarrer oder der Herr Kaplan anlässlich des Kommunionunterrichts in die Klasse kam, da bekam sie rote Backen vor lauter Aufregung. Die Augen leuchteten und die ganze Schwester Petra reckte und streckte sich in diesem Glanz.

Ich erinnere mich an die Bittgänge, die am frühen Morgen durch die Felder führten. Die Teilnehmer trafen sich in der Kirche und zogen von dort hinaus in die Natur. Vorne weg ging der Priester. Man betete und beendete diesen Rundgang mit einem Gottesdienst.

Auch wir waren angehalten, daran teilzunehmen. Was ich auch oft getan habe, denn irgendwie gefiel mir das. Oder vielleicht auch weil es erwartet wurde oder weil es eben so Sitte war.

Danach hieß es ab in den Unterricht. Ob man müde war, danach fragte keiner. Es war eben so.

Beten war weiterhin angesagt in der Schule, und zwar jeden Morgen, danach gab es eine ordentliche Begrüßung und dann begann der Unterricht. Keiner hätte sich da erlaubt Krach zu machen oder Unfug zu treiben. Keine Schülerin, kein Elternteil oder sonst jemand wäre auf die Idee gekommen, gegen das tägliche Morgengebet oder das Kreuz im Klassenzimmer an der Wand Einspruch zu erheben. (Das sollte auch heute noch vertretbar sein, schließlich ist der christliche Glaube, und dazu gehört das Kreuz, ein wichtiger Teil unserer Kultur. Warum man darüber heute einen Aufstand veranstaltet, ist für mich nicht nachzuvollziehen, und ich bin sehr wohl modern und fortschrittlich eingestellt.)

Wenn Schwester Petra in der Klasse durch die Reihen ging und eine der Schülerinnen mal wieder nicht richtig aufgepasst hatte oder Faxen machte, dann konnte sie schon mal mit ihren knochigen Fingern eine ganz schöne Kopfnuss verteilen. Als Kindesmisshandlung, so wie das heute zum Teil hingestellt wird, haben wir das nicht betrachtet und geschadet hat uns der Schlag auf den Hinterkopf auch nicht, er fördert ja bekanntlich das Denkvermögen. Auf jeden Fall wäre keine von uns auf die Idee gekommen, sich zu Hause darüber zu beschweren. Das wäre auch sinnlos gewesen, die Antwort von zu Hause wäre höchstens noch eine weitere Rüge gewesen oder der Hinweis: „Die Kopfnuss hast du sicher nicht umsonst bekommen, benimm dich ordentlich, dann passiert das nicht!" Schluss, aus, basta

Wenn Schwester Petra ganz gut drauf war und sich über uns amüsierte, dann kam immer ihr berühmter Satz: „Ah, geh zu, was du da wieder sagst." Sie hatte die Klasse voll im Griff, auch in der Turnstunde, wenn sie mit ihren knochigen Fingern das Tamburin schlug und wir zum Takt hüpfen mussten wie die Hasen. Heute wäre das undenkbar. Für uns war das alles ganz normal und im Nachhinein gesehen unvergesslich lustig.

Wenn man bei Schwester Petra zwischendurch im Unterricht auf die Toilette wollte, musste man zwei Finger zeigen, ansonsten ging man in der Pause geschlossen auf die Toilette. Da durfte ein Kind ein blaues, kariertes Küchenhandtuch hoch halten. Die Kinder mussten sich nacheinander die Hände waschen und an dem hochgehaltenen Handtuch abtrocknen. Nach der Hälfte der Kinder drehte der lebendige Handtuchhalter das Handtuch um, dann hing die trockene Seite wieder nach unten und die zweite Hälfte der Kinder trocknete sich die Hände ab. So war es auf jeden Fall bei meiner Schwester, die drei Jahre vor mir Schwester Petra „genießen" durfte.

Genial war es auch, wenn der Besuch des Weihbischofs angesagt war. Da musste man vorher das Küssen des Ringes üben und die entsprechende Verbeugung. Und zwar an der ausgestreckten, knochigen Hand von Schwester Petra. Und das nicht nur einmal. Schließlich macht Übung den Meister.

In der Adventszeit stand auf dem Lehrerpult von Schwester Petra das „Heidenkind", wie sie es nannte. Das war eine kleine Gipsfigur, stellte ein schwarzes Kind aus Afrika dar. In der Adventszeit wurde für die Unterstützung von Missionshäusern in Afrika gesammelt. Die Gipsfigur hatte einen kleinen Schlitz. Wir wurden von Schwester Petra motiviert, immer mal etwas, von unserem sowieso schon so sehr begrenzten Taschengeld, abzugeben und in den Schlitz der kleinen Figur zu stecken. Wir haben das gerne gemacht, und zwar aus folgendem Grund: Wenn man das Geld hineingesteckt hat, dann hat der Kopf der Figur zum Dank genickt, und das war für uns sehr faszinierend. (Man kann erkennen, schon immer wurde mit psychologischen Tricks gearbeitet). In dieser Zeit wurde auch ein DINA-4 Kartonagenblatt verteilt, das vorgestanzt und bemalt war. Daraus haben wir eine kleine Papp-Krippe gebastelt. Die Krippe konnte man durch die Zeichnung bzw. Malarbeiten erkennen. Diese kleine Papp-Krippe hatte ebenfalls einen Schlitz für unsere Spendengroschen. Am letzten Adventsonntag „durften" wir dann ganz stolz diese kleine Pappgrippe mit unseren mühsam gesammelten Spargroschen in der Kirche, während des Gottesdienstes, feierlich in einen Spendenkorb legen. Für die armen Kinder in Afrika oder Lateinamerika. Man nannte es das Adveniat Opfer oder auch Misereor.

Aber nicht nur Spenden war in der Adventszeit angesagt, auch hat Schwester Petra uns gelehrt, in dieser Zeit jeden Tag eine gute Tat zu vollbringen. Dafür durfte man dann aus einer Schale ein Weihrauchkorn entnehmen und in einen dafür vorbereiteten Opferkorb legen. An Weihnachten wurde dann in der Kirche, mittels dieser Weihrauchkörner, ein Rauchopfer dank unserer guten Taten dargebracht. Allerdings hat uns das auch irgendwie zum Lügen bzw. Schwindeln erzogen. So viele gute Taten, vier Wochen lang, gab es gar nicht, damit man jeden Tag ein Weihrauchkorn in den Korb legen konnte. Das hat mit Sicherheit Gewissensbisse bei dem einen oder anderen Mädchen erzeugt.

Schwester Petra hatte eine Freundin, die Frau Borsutzky. Sie wohnte im Wemdinger Viertel in der Acker Straße. Bei ihr durfte ich immer Postbote spielen. Ich brachte kleine Briefe oder Zettel, die meist in einem ganz kleinen Umschlag steckten, zu Frau Borsutzky, denn die Acker Straße lag auf meinem Schulweg. Bei nächster Gelegenheit habe ich dann auch wieder den Antwortbrief von Frau Borsutzky zu Schwester Petra mitgenommen. Ich habe mich dabei natürlich ganz wichtig gefühlt, bei dieser verantwortungsvollen Aufgabe. Von Frau Borsutzky habe ich dafür immer mal wieder die eine oder andere Leckerei zur Belohnung bekommen und ein schönes Geschenk zur Kommunion. Von meiner lieben Schwester Petra ein anerkennendes Kopfnicken und ein Lächeln mit einer blitzenden Goldzahnecke. Das war von großer Bedeutung.

Vorbereitung zur ersten heiligen Kommunion

Der Kommunionsunterricht war 1963 ein ganz wichtiger Anlass während unserer Schulzeit bei Schwester Petra. Alle Rituale wurden von ihr streng und ganz korrekt durchgezogen. Die gesamte dritte Klasse war ein Religionsunterricht. Man konnte meinen, man wird für die Aufnahme in das Kloster vorbereitet. Mittwoch Schülergottesdienst, Freitag „freiwilliger" Gottesdienst (Schwester Petra hat dabei ganz genau beobachtet, wer alles da war). Gottesdienst morgens um 7.00 h vor dem Unterricht und Sonntag sowieso. Der Unterricht war nur noch mit religiösen Themen gespickt.

Da fällt mir doch noch ganz stark etwas dazu ein. Am Mittwoch, aber nicht jeden Mittwoch, gab es in der Stadt auf der Freibank (Verkaufsstelle für Fleisch) immer einen Fleischverkauf zum halben Preis. Das günstige Fleisch gab es dann, wenn es zu einer Notschlachtung kam. Dazu hing meistens ein Hinweiszettel an dem großen dunklen Holztor, das in die Freibank führte. Manchmal stand es auch in der Zeitung oder meine Mutter erfuhr es von unserem Nachbarn, der Fleischbeschauer bei der Stadt Nördlingen war.

Da konnte ich dann schon immer Buße tun vor dem Schülergottesdienst, denn ich musste früh morgens mit dem

Rad in die Stadt zur Freibank fahren und das Fleisch holen, es nach Haus bringen und dann wieder in die Stadt in den Gottesdienst und dann in die Schule. Meine Eltern mussten morgens zur Arbeit und konnten nicht vorher auch noch Fleisch besorgen. Da man auf jeden Pfennig achten musste, durfte ich also immer in den sauren Apfel beißen. Dafür bekam ich dann aber abends immer ein extra dickes Schnitzel gebraten. Das hat mich wieder entschädigt.

Schwester Petra hat während der Vorbereitungszeit zur ersten Heiligen Kommunion die schöne Geschichte von Pinocchio, dem hölzernen Männchen erzählt. Auch das blieb tief in meiner Erinnerung. Es gab damals noch keine Mütter, die als Kommunion-Paten eingesetzt wurden und die Kinder auf diesen großen Tag vorbereiteten. Nein, das wurde alles durch unsere Schwester Petra gemanagt. Sie ging damals so richtig auf in ihrer verantwortungsvollen Aufgabe. Sie hat sich sehr stark gemacht um uns so richtig auf den Tag der ersten Heiligen Kommunion vorzubereiten. Alles war für uns sehr ernst und zum Teil etwas mystisch bzw. aufregend. Besonders bei den Übungen in der großen Kirche zu St. Salvator. Äußerst aufregend waren die Übungen, wenn zur gleichen Zeit auch die Buben aus der Squindoschule kamen, um mit uns gemeinsam den Einzug durch das große Hauptportal zu üben. Das Aufstellen, der Einzug in die Kirche, das rein- und rausgehen aus den Bänken, knien, aufstehen, beten, singen und wie man sich so vor dem Altar zu verhalten hat. Da kam doch, Dank der Buben, dann endlich mal etwas Bewegung in unseren ach so strengen Ablauf. Buben waren damals für uns schon fast Exoten in unserem ach so klösterlichen „Mädchenhaushalt".

Aber unsere Schwester Petra hat schon mit ihren stechenden Augen darauf geachtet, dass wir uns sittsam bewegten und züchtig gekleidet waren, und dass sich kein Blick unnötig lange auf die Seite der Jungs richtete. Sie hat uns ganz stark eingetrichtert, dass sie es nicht erleben möchte, dass wir unsere Köpfe oder Augen nach rechts drehen auf die Seite der Bänke, in denen die Buben saßen. Wir durften unseren Blick nur streng zum Altar richten, ansonsten waren die Köpfe und Augen gesenkt und wir selbst im Gebet versunken. Und doch war es da, das Herzklopfen. Immer wieder hat man es versucht, einen Blick zu riskieren um wenigstens einmal ganz kurz seinem Schwarm in die Augen zu sehen. Ach das war so aufregend schön.

Die Vorbereitung zur ersten Heiligen Beichte und das leidige Thema mit dem den zehn Geboten und dem Beichtspiegel konnte mit einem Staatsakt verglichen werden. Rechnen, Schreiben und Lesen war nicht mehr wichtig. Es gab nur noch das eine Thema und das hieß: „Leben mit Gott", Sühne, Sünde, Schuld, beten und büßen.

Beim Erstellen des Beichtspiegels wurde alles auf einem kleinen Zettel notiert, damit man auch keine Sünde vergaß. Alle Sünden wurden auswendig gelernt, um sie dann im Beichtstuhl dem Priester ins Ohr zu flüstern. Panisch war die Angst, dass draußen, die wartenden Personen vor dem Beichtstuhl, etwas hören konnten. Noch schlimmer war es, wenn man diesen Beichtspiegel verlegt oder verloren hat, da war dann große Aufregung angesagt. Manche der Mädchen konnten vor der ersten Beichte gar nicht mehr richtig schlafen und waren aufgeregter als vor der Hochzeitsnacht.

Das Beichten war eine besonders unangenehme Angelegenheit. Im Klassenverbund wurden wir zur Kirche geführt, auf die Beichtstühle aufgeteilt und strengstens, klosterschwesterlich beaufsichtigt. Wehe die Anzeichen von Demut und Reue waren nicht deutlich sichtbar, das Haupt nicht tief genug gebeugt, die Buße wurde zu schnell erledigt, oder die Kniebeuge war nicht andächtig und tief genug. Da konnte man das Zischen von Schwester Petra hören, die Augen blitzten ganz wild und ihre harte knochige Hand drückt uns erbarmungslos da hin, wo man hinsollte oder hingehörte. Es gab auch in der Kirche so viele Möglichkeiten, was falsch zu machen, und ein Kasernenhof war wahrscheinlich harmlos gegen unsere „erste klösterliche" Erziehung.

Das Gewissen musste immer wieder richtig befragt werden und das kam so oft vor, dass kaum Zeit zum Sündigen war! Und so glichen sich die Beichtzettel von Woche zu Woche: Z.B: „Ich habe nicht alle täglichen Gebete verrichtet, war nicht jeden Sonntag in die Kirche, habe meinen Eltern nicht immer gefolgt, dafür habe ich mit meinen Geschwistern gestritten und zuviel genascht." Irgendwie doch langweilig, oder? So auf jeden Fall hat das einmal wieder unsere zarte Christa empfunden, ein Pfiffikus der feinsten Art. Also hat sie eines schönen Schultages ihr Gewissen besonders gründlich erforscht – und ist fündig geworden: „Da war doch noch was mit dem sechsten Gebot (Schamhaftigkeit und Keuschheit)?" Den Beichtspiegel streng befolgend schrieb sie also auf: „Ich war schamlos in Gedanken und Werken und zu dritt." Das erzählte sie uns ganz ausschweifend wie folgt:

Im Beichtstuhl begann ich also mit dem obligatorischen Satz: In Demut und Reue bekenne ich meine Sünden. Als ich zur Stelle des sechsten Gebotes kam, wollte der Pfarrer natürlich wissen, was da genau passiert war. Und ich erklärte: „Also sie kennen doch sicherlich auch das Kino vom Herrn Tyroler in der Drehergasse. Da ist zurzeit ein großes Plakat im Schaufenster, auf dem ein Mann eine Frau küsst. Er hat seinen Arm um die Taille der Frau gelegt und die Frau hat ein ärmelloses Kleid an." Pfarrer: „Und sonst war da nichts?" „Nein, aber der Mann und die Frau waren schamlos in Werken und ich im Denken. Gesprochen haben wir nichts, das geht ja nicht mit einem Plakat. Ja und wir waren halt zu dritt." In diesem Augenblick fing der Pfarrer so schrecklich an zu husten, dass ich dachte, der stirbt gleich vor lauter Entsetzen über diese schlimme Sünde. Ich habe mir vorgenommen, nie wieder ein Kinoplakat so genau anzuschauen, und vor allem nie mehr was zum sechsten Gebot zu beichten. Letzteres habe ich bis heute eingehalten.

Der Kommunionstag

Endlich war er da der Tag, der eine monatelange Vorbereitungszeit in Anspruch nahm, unsere Erstkommunion. Und endlich kam etwas, worauf wir alle schon so lange gewartet hatten – die Jungs, ja die erste Hl. Kommunion fand gemeinsam mit den Buben statt. Mein Gott war das aufregend, wir, die immer nur abgeschirmt wurden von den evangelischen Mädchen und vor allen Dingen von Buben. Wir trafen endlich in der Kirche aufeinander zum großen Einzug durch das Hauptportal. Schwester Petra hat es sehr wohl verstanden, in monatelanger Kleinarbeit stolze klein Bräute Christi aus uns zu machen. Freudig, aber auch sehr aufgeregt haben wir diese feierliche Einweihung genossen. Schwester Petra hat uns Kommunionkinder in den schönen weißen Kleidern stolz und würdevoll beim Einzug zum Altar begleitet. Mit einem ehrfurchtsvollen Kopfnicken hat sie die anerkennenden Worte von Herrn Stadtpfarrer Spoden entgegengenommen.

Auf dem gemeinsamen Kommunionbild zählt man vierundvierzig Mädchen, daraus hervor sticht ganz besonders ein Kind mit einem dunklen Teint, schwarzen lockigen, kurzen Haaren und ganz dunklen Kulleraugen. Das war unsere Cilenti Elisabeth, die Tochter einer damaligen italienischen Gastarbeiterfamilie, die bis zur sechsten Klasse mit uns zusammen die Schule besuchte. Für damalige Zeiten ein kleiner Exot und eine liebenswerte Schulkameradin, von der wir leider nichts mehr gehört haben.

Nach dem Zeremoniell der ersten Heiligen K o m m u n i o n und dem feierlichen Auszug aus der Kirche, unter den stolzen Blicken der Eltern und Gäste, wurde jedes Kommunionkind von seiner Familie empfangen. Jetzt fiel eine große Anspannung von allen Kindern ab. Jedes Kind freute sich auf sein ganz individuelles Fest im Kreise seiner Angehörigen.

Die Feier war aber nur von kurzer Dauer, denn schon am Nachmittag war wieder eine Andacht angesagt. Wir trafen uns also alle noch mal, jetzt allerdings schon leicht zerzaust. Der strenge, gebieterische Blick von unserer Schwester Petra hat uns ganz schnell wieder auf den Boden der Tatsache gestellt – und das hieß mal wieder Köpfe senken und beten.

Mein Kommuniontag war ein schöner Tag. Wir haben zu Hause gefeiert, denn das Geld für einen Gaststättenbesuch

Mein Ehrentag

war nicht da. Meine Mutter hat sich so viel Mühe gegeben, mir ein schönes Kleid zu nähen, nur das Kränzchen, das hat mir nicht gefallen, ich wolle lieber ein Krönchen, aber meine Mutter hat mal wieder wie immer ihren Kopf durchgesetzt. Sie hat aber auch wunderbar gekocht und gebacken für diesen Tag. Da gab es noch keinen Cateringservice, Gaststätte konnte man sich nicht leisten, also blieb nur das Zuhause. Ich kann mir im Nachhinein vorstellen, wie viel Arbeit und Aufwand das für meine Mutter war. Sie bekommt dafür

Meine Schulfreundin Johanna als Kommunionkind.

73

von mir heute große Hochachtung und Anerkennung. Die vielen Gäste und das alles bei uns zu Hause, es war auf jeden Fall sehr, sehr schön.

Der Alltag hat uns wieder

Am Montag war noch schulfrei, der Tag war dafür bestimmt, sich für Geschenke und Glückwünsche (nach Möglichkeit mit einem Knicks) zu bedanken und Kuchen in der Nachbarschaft zu verteilen.

Danach lief alles weiterhin nach strengen Regeln ab. Gott sei Dank gab es unsere Zwillinge in der Klasse, die immer wieder die Schülerinnen, und selbst unserer steife Schwester Petra, zum Lachen gebracht haben. Dafür musste aber Marianne auch mal herhalten und bekam für ihre vorlaute Art von Schwester Petra im Lehrerzimmer den Hintern verschlagen. Und das sogar zu Unrecht, denn Schwester Petra wollte vorbeugen, dass bei den andere Kindern nicht die Meinung aufkommt, dass Marianne bevorzugt behandelt wird. Vergessen hat diese Ungerechtigkeit Marianne bis heute nicht.

Die Zwillinge Marianne und Gerlinde wohnten gegenüber vom Kloster. Jeden Morgen holten die beiden Schwester Petra vom Kloster ab. Dazu gesellte sich noch Karin, sie wohnte am Hohlen Schänzle und hatte den gleichen Schulweg. Alle drei betätigten sich bei Schwester Petra als Taschenträger. Dieses Amt war streng geregelt und jede kam in einem bestimmten Rhythmus als Taschenträger an die Reihe. Da waren wir Mädchen oft sehr neidisch, denn auch wir hätten gerne mal die verantwortungs- und würdevolle Aufgabe des Taschenträgers übernommen. Einmal verkleidete sich Gerlinde als Schwester Petra. Sie zog ihren Anorak links herum an, der war fast schwarz, sie setzte die Kapuze auf und trug darunter ein weißes Stirnband, wir Kinder sahen das natürlich als Riesenspaß, Schwester Petra hatte hierfür nur ihren berühmten Satz parat: „A geh zu!"

Schwester Petra machte alles mit. Sie hielt bei uns Turnunterricht, sie ging auch mit uns Schlittenfahren in den Anlagen von Nördlingen. Da lag nicht nur Schnee, es war auch ganz schön glatt. Und unsere Zwillinge, die persönlichen Bodyguards von Schwester Petra, wollten sie führen, damit sie sicher über die eisigen Wege kam. Das konnte nicht gut gehen. Die Zwillinge haben die Hand von Schwester Petra zu früh losgelassen und es kam, wie es kommen musste. Mit ihren staksigen Beinen in den schwarzen Stiefeletten rutschte sie natürlich ab und landete auf dem Rücken. Da lag sie nun wie eine Schildkröte auf dem Panzer und wir Schülerinnen hatten sehr große Mühe, uns das Lachen zu verkneifen. Aber unsere Zwillinge, mit ihrem Herzen und Mundwerk auf dem rechten Fleck, hatten alles ganz schnell wieder im Griff.

Firmung

1963 war ein ereignisreiches Jahr. Wir kamen zur Erstkommunion und empfingen am 11. Juli das Heilige Sakrament der Firmung. Durch den Empfang dieses Sakramentes hielt der Heilige Geist Einzug in unsere Herzen. Dieser Ehrentag war Aufregung pur. Jedes Mädchen hatte eine Firmpatin, die mit ihr zur Kirche ging. Wir trugen an diesem Tag noch einmal unsere Kommunionkleider. Es war sehr schön und feierlich. Das Zeremoniell wurde vom Weihbischof aus Augsburg vorgenommen. Jeder Firmling bekam eine Urkunde mit einem Gebet des Hl. Ulrich und eine Anstecknadel des Bischofs. Nach den kirchlichen Feierlichkeiten ging man mit der Firmpatin und auch den Familienmitgliedern in eine Gaststätte zum Essen. Ganz wichtig war das Geschenk der Firmpatin. Meistens bekam man an diesem Tag seine erste Armbanduhr geschenkt. Ich habe mich über meine Uhr sehr gefreut und meine Firmpatin Gisela hat mich würdevoll durch diesen Tag geführt.

Ausflugszeit

In der dritten Klasse hatten wir auch unseren ersten großen Schulausflug. Die Schulen unternahmen eine Fahrt mit einem Sonderzug nach Bad Wimpfen. Das war für alle schon sehr gewöhnungsbedürftig. Dieser große Aufwand auf dem Bahnhof in Nördlingen. Viele Klassen waren an dieser Sonderfahrt beteiligt und unsere Schwester Petra hatte große Mühe, die vielen Kinder zusammenzuhalten. Aber wir waren ja pflegeleicht. Schon ein strenger Blick aus ihren Augen hat genügt und wir saßen lammfromm auf unsern Plätzen im Zugabteil. Außer den Zwillingen, die haben es ja immer verstanden, Schwung in jede Situation zu bringen, Späße zu machen und alle auf Trab zu halten.

Auch in der vierten Klasse wurden wir durch Schwester Petra unterrichtet. Die Zeit des Kommunionunterrichtes war vorbei und jetzt hieß es ran an den Speck. Der Unterrichtsstoff musste ja durchgezogen werden und Schwester Petra legte harte Bandagen an. Schließlich ging es ja auch darum, die ersten Kinder für eine weiterführende Schule, das Gymnasium, vorzubereiten. Man konnte jetzt schon starke Tendenzen erkennen, wie sich der Spreu vom Weizen trennt. Auch in diesem Jahr stand zum Abschluss des Schuljahres wieder ein großer Ausflug auf dem Plan. Wieder eine Fahrt mit dem Sonderzug. Dieses Jahr ging es nach Regensburg. Auch hier war wieder Aufregung pur. Diese vielen Klassen am Bahnhof, dieser lange, lange Zug mit seinen vielen Waggons. Einfach faszinierend für uns. Die Reise ging nach Regensburg und da war es für unsere Schwester Petra ganz wichtig, dass wir mit ihr den Regensburger Dom besichtigen und in ein andächtiges Gebet versinken. Uns wäre es lieber gewesen, wenn wir die Regensburger Domspatzen kennen gelernt hätten, aber dank Schwester Petra wurden wir von allen Verführungen ferngehalten und das Gebet hat unsere Fantasie wieder auf den Pfad der Tugend gelenkt.

Trotzdem ein gelungener Ausflug. Wir besichtigten die Walhalla bei Regensburg, fuhren mit dem Schiff auf der Donau, nach Kehlheim und dem Donau-Durchbruch. Wir gingen in Regensburg sogar richtig in eine Gaststätte zum Essen. Das war schon was für uns. Ich war ganz aufgeregt, was ich denn essen würde und zählte schon in Gedanken mein Taschengeld, ob es auch reicht für die Erfüllung meiner Wünsche. Ich bestellte Regensburger mit Kartoffelsalat und habe eigentlich Bratwürste erwartet. Was ich bekam, waren eben „nur Regensburger", keine Bratwurst, ich war enttäuscht, geschmeckt haben sie mir trotzdem.

Auf dieser langen Zugfahrt und während des Ausfluges kann ich mich noch so gut erinnern, dass wir sehr viel fotografiert haben. Ich hatte ja keinen Fotoapparat, aber unsere Mitschülern Gudrun, die hatte einen. Den Apparat fand ich sehr modern, eine schicke Kamera in einer hellbraunen Ledertasche. Gudrun war sehr großzügig. Sie hat uns allen immer wieder ihre Kamera zur Verfügung gestellt. Und auch ich kam in den Genuss. Ich habe fotografiert, auf Teufel komm heraus. Aus dem Zugfenster, ein Landschaftsfoto nach dem anderen und ich war fasziniert, wie viel Bilder man doch mit so einem Film machen konnte. Leider habe ich bis heute noch kein einziges Foto, von diesem Schulausflug, zu sehen bekommen. Da waren wohl ein kleiner Schwindel oder pure Angabe angesagt.

Ein neuer Schulabschnitt

Nach der vierten Klasse kam ein ganz neuer Schulabschnitt auf uns zu. Wir waren nun nicht mehr die kleinen Mädchen aus der Grundschule, nein, jetzt gehörten wir schon zu den „großen" Mädchen. Die ersten Mitschülerinnen haben sich von uns verabschiedet, denn sie besuchten ab sofort das Gymnasium und so manch neidischer Blick begleitete sie.

Wir wechselten von der Mädchenschule in der Judengasse in die Mädchenschule an der Salvator Kirche. Der Ruf dieser neuen Schule bereitete uns ganz schön Unbehagen. Die lockere Zeit im Schulhaus Judengasse hatte ein Ende. Jetzt ging es ab zum „Kasernenhof" unter der Leitung von „Oberst" Schwester Ingeborg. Eine füllige Kampfmaschine mit einer dicken, randlosen Brille auf der Nase. Ihr Blick ging durch und durch, wenn sie mit ihren Händen in der Hüfte auf dem oberen Absatz der Eingangstreppe zum Schulgebäude stand und über die Köpfe der Schülerinnen hinwegblickte

So wurden wir von ihr im Schulhaus empfangen. Meist trug sie ein wallendes Gewand mit einer dunklen gestreiften Halbschürze. Eine Augenweide war der große Gong in der Eingangshalle mit einem großen Klöppel. Zum Beginn und Ende der Pause wurde von Schwester Ingeborg eigenhändig der große Gong

Klosterfrau Melissengeist Das Original

aus christlichem Hause
mit Qualitätsgarantie
jung fäuliche Aufzucht
100 % rein

tägliche Anwendung
zur Besserung des
Allgemeinbefindens

Eine Fotomontage mit meiner Schulfreundin Margot. Sie zeigt hier Ähnlichkeit mit Schwester Ingeborg.

bedient. Schwungvoll hat sie mit kräftigen Schlägen, mit dem Klöppel auf den Gong, die Pause bzw. das Ende der Pause eingeläutet. Holla die Waldfee, in dieser neuen Schule konnte man nur leicht geduckt durch die Gegend schleichen in der Hoffnung, übersehen zu werden.

Na ja, wir hatten ja noch Galgenfrist. Erst in der 7./8. Klasse sollten wir in den „Genuss" dieser „ausgezeichneten Pädagogin" kommen. Erst mal stand Schwester Adelgunde auf dem Plan. Wir waren vorgewarnt, denn sie hatte eine sehr nasse Aussprache und es wäre notwendig gewesen, vor allen Dingen für die Schülerinnen der ersten Bankreihe, einen Regenschirm aufzuspannen. Das Schulgebäude war nicht zu vergleichen mit der Grundschule in der Judengasse. Hier war alles hell im Treppenhaus, kein dunkles Holz, die Steinfliesen hell und sauber und alles war streng geregelt. Auch die Kleiderordnung. Für uns ein einziges Chaos.

Den Nonnen wäre es am liebsten gewesen, wenn wir eine Schürze getragen hätten. Auf jeden Fall war die Kleiderordnung sehr streng an dieser Schule. Lange Hosen waren untersagt und wenn doch, dann musste man einen Rock darüber tragen oder ein Schürze. Auch sollte keine ärmellose Kleidung getragen werden, ganz egal, auch im Hochsommer nicht. An der Bluse oder am Kleid mussten wenigstens kleine Ärmel sein oder man musste eine Jacke darüber ziehen. Nacktes Fleisch war nicht gestattet und an den Füssen trugen wir Hausschuhe und der Schuhraum musste von uns immer in Ordnung gehalten werden.

Überhaupt war hier immer putzen und Sauberkeit angesagt. Ich habe dort auch nie eine Putzfrau zu Gesicht bekommen, na ja, das meiste wurde ja von uns sauber gehalten. Von wegen Wände beschmieren oder Toiletten verunreinigen oder auch nur etwas auf den Boden werfen. Du lieber Himmel, Schwester Ingeborg hätte getan wie ein Radio. Ihr ist nichts entgangen und sie stand 100 % immer dann da, wenn keine damit gerechnet hat.

Einen Vorfall werde ich zum Thema Hausschuhe nie vergessen. Ich habe für dieses Schulhaus ganz neue, schöne Filzpantoffel bekommen in hellgrau mit roter Stickerei. Ich war stolz auf diese Schuhe. Aus lauter Freude und auch Bequemlichkeit wollte ich die Hausschuhe nicht mit den Straßenschuhen tauschen und ging damit in den Pausenhof. Oh welch ein Graus, die Sohle war nicht gut geschützt und hat Feuchtigkeit angesaugt und damit habe ich grauenvolle Spuren auf dem blitzblanken Steinfußboden des Schulgebäudes und auf den Treppen hinterlassen. Da stand sie dann aber auch gleich da wie der Leibhaftige in Person, unsere Rektorin Schwester Ingeborg, mit den Händen in den Hüften und einem entsetzlichen Blick. Ich habe gedacht ihr fallen die Augen aus den Höhlen, als sie meine Fußspuren begutachtete. Ihr ausgestreckter Arm mit dem spitzen Finger zeigte ganz deutlich auf die Putzkammer. Ich musste erst mal, nach einem massiven Anschiss, meine Spuren wieder sorgfältig entfernen und auf Strümpfen durch das Haus gehen.

Einen kleinen Vorteil gab es an dieser Schule. Es gab dort eine weltliche Lehrerin. Sie war für uns ein richtiger Exot in diesem Nonnenclan. Mich wundert es heute noch, wie sie mit Schwester Ingeborg, der Rektorin, klar kam, denn diese weltliche Lehrerin war für uns ein Knüller. Sie hieß Fräulein Pritzl (Fräulein, weil sie ledig war, damals wurde man erst mit Frau angesprochen, wenn man verheiratet war) und sie war Kettenraucherin und hat da mit Sicherheit auf Schwester Ingeborg keine Rücksicht genommen. Trotzdem, diese Beiden haben sich gut verstanden. Sie hatten ja auch eine Gemeinsamkeit, die Liebe zu einem guten Tropfen Wein. Fräulein Pritzl war streng, aber meist gut drauf. Wir selbst hatten sie nur in der Musikstunde. Sie unterrichtete u.a. Musik und leitete den Schulchor und bevorzugte immer ihre eigene Klasse, für die sie als Klassenlehrerin eingeteilt war. Da wir nie in diesen Genuss gekommen sind, waren wir immer irgendwie das fünfte Rad am Wagen in dieser Schule. Fräulein Pritzl hatte sehr wohl einen großen Einfluss und stellte sich mit ihrer Klasse immer in den Vordergrund. Wir waren nur irgendwelche Mitläufer. So auf jeden Fall habe ich es empfunden. Zwar war unsere Klassenlehrerin, Schwester Adelgunde, sehr umgänglich und hat sich sehr um uns bemüht, aber den richtigen Schmiss brachte sie nicht mit sich. Irgendwie war sie zu gut für die Welt und wir hatten sie drei Jahre als Klassenlehrerin, immer im gleichen Klassenzimmer mit dem gleichen Stil und Ablauf. Das konnte auf Dauer schon ganz schön langweilig aber auch anstrengend sein. Und wie gesagt, irgendwann war da dann die Luft raus, es fehlte irgendwie an der Herausforderung. Alles lief immer zu sehr seinen geregelten Gang. Gott sei Dank aber waren wir von Haus aus eine Klasse, die es auch immer mal wieder krachen ließ. Eine Musterklasse, so wie die Klasse von Fräulein. Pritzl, das waren wir auf jeden Fall nicht. Irgendetwas scheint uns aber doch durch unsere Nonnen geprägt zu haben, sonst wären wir heute nicht ein so stark zusammengeschweißter Haufen.

Einmal habe ich Schwester Adelgunde doch sehr enttäuscht. Ich bekam zu meinem zwölften Geburtstag eine schicke kleinkarierte braune Hose mit einem breiten Gürtel geschenkt. Dazu einen schönen richtig feuerroten Rollkragenpulli und die passenden roten Socken dazu. Oh wie war ich stolz. Ich wollte das doch so gerne in die Schule anziehen, wusste aber auch, dass das nicht gern gesehen war, wenn Mädchen in Hosen kamen. Einen Rock darüber ziehen im Unterricht, um Gotteswillen, da würde ich mich ja der Sünden fürchten! Also dachte ich mir, das ziehe ich in die Turnstunde nachmittags an. Gesagt getan. Ich kam ganz stolz in meinem neuen Outfit und musste sehr wohl die harten und strengen Blicke von Schwester Adelgunde ertragen. Mir war klar, in den Unterricht brauche ich so nicht zu kommen.

Viel Aufregendes geschah nicht in unserer strengen katholischen Mädchenvolksschule im Gebäude neben der Salvatorkirche. Dafür haben die etwas verknöcherten Nonnen schon gesorgt. Alles lief seinen gewohnten und stark kontrollierten Gang. Abwechslung brachte nur immer mal wieder der Besuch eines Priesters oder Diakons oder wenn mal der Schulrat zur Kontrolle kam. Das waren Highlights, da machte sich Nervosität breit. Da sauste der Wind durchs Schulhaus. Zucht und Ordnung wurden präsentiert. Darauf waren wir schließlich getrimmt.

Auch die Mitarbeiter der Sparkasse habe ich immer noch vor den Augen. Die haben am Weltspartag am Lehrerpult gesessen und die bunten Sparbüchsen der Kinder ausgeleert. Na ja, bei mir war das nicht der Fall, ich hatte keine Sparbüchse, was hätte ich auch sparen sollen. Das Geld zu Hause war sehr knapp bemessen, die Eltern hatten schließlich ein Haus gebaut, da gab es kein großes Taschengeld und eine reiche Erbtante hatte ich auch nicht. Nur eine herzensgute Großmutter, aber deren Rente war auch sehr knapp bemessen. Also nichts mit kleinen Prämiengeschenken am Weltspartag. Das mit den Sparbüchsen fand ich nicht ganz in Ordnung, denn die Kinder, die keine Sparbüchse hatten, die kamen sich an diesem Tag irgendwie ausgegrenzt vor. Auch wegen der Geschenke.

Eine weitere Abwechslung war auch noch die Schulzahnärztin. Eine ältere Dame mit einem leichten Buckel. Sie hatte eine ganz deutliche und korrekte Aussprache, und ich höre sie heute noch sagen: „Zahnreihe oben links vierter Zahn Karies". Allerdings konnte ich damals nichts damit anfangen. Na da kam Freude auf, wenn diese Zahnärztin unsere Zähne kontrollierte. Wenn man Pech hatte, so bekam man einen Zettel mit nach Hause. Mit dem Zettel wurde man aufgefordert, mit den Eltern einen Zahnarztbesuch vorzunehmen. Überhaupt war die Schule ein halbes Gesundheitsamt. Denn auch die Pockenimpfung und die Schluckimpfung gegen Kinderlähmung wurden in der Schule durchgeführt. Alles war eben ganz korrekt geregelt. Das war es dann aber auch schon mit der Abwechslung. Na ja, das hat aber auch gereicht, denn bei diesen Sondereinlagen sind unsere Nonnen durchs Haus gesaust wie aufgescheuchte Hühner.

Ach und Sportunterricht. Nicht einmal da hatten wir eine flotte Sportlehrerin oder Lehrer. Nein, wir mussten uns nach den Regeln unserer Schwester Adelgunde bewegen. Manchmal kamen ältere Mädchen aus anderen Klassen als Vorturnerinnen. Ich sehe sie heute noch vor mir und muss sagen, sie waren sportlich super. Wenn es aber darum ging, Übungen an den Ringen zu zeigen, dann war da aber unsere Schwester Adelgunde besser als jedes junge Mädchen. Mit Elan und Kraft schwang sie sich in die Ringe und zeigte uns dort die tollsten Übungen. Das Nonnenkleid bauschte sich auf, die Haube wehte durch die Luft und je mehr sich dabei ihre Wangen röteten, umso feuchter wurde Ihre Aussprache.

Sie war überhaupt eine gute Lehrerin, die gerne erzählte und sich nicht so streng an den Unterrichtsablauf hielt. Wenn man bei ihr mit einem bestimmten Thema kam, dann gab sie dazu lang und breit ihre Erklärungen ab und ganz schnell wurde aus der Unterrichtsstunde eine Erzählstunde, und der Vormittag war wieder mal vorbei. Mein Gott, wenn das die Rektorin mitbekommen hätte, dann hätte es für Schwester Adelgunde Feuer unter der Haube gegeben.

An eines aber hielt sich unsere Schwester Adelgunde ganz korrekt. Das war jeden Morgen fünfzehn Minuten Kopfrechnen vom Feinsten. Zurückblickend gesehen eine tolle Einführung, denn viele von uns profitieren heute noch davon. (Ich auf jeden Fall, denn wenn ich beim Einkaufen an der Kasse stehe, dann habe ich den Endpreis meines Wageninhaltes fast genau passend im Kopf addiert.) Es gab keinen Taschenrechner. Im Kopf entstanden die langen Kettenrechnungen. Es wurde multipliziert und dividiert, addiert und subtrahiert, alles quer Beet. Das hat richtig Spaß gemacht. Anschließend waren wir alle fit und munter und der Unterricht konnte beginnen.

Weil unsere Schwester Adelgunde immer gut zu uns war, haben wir uns auch zu Weihnachten oder wenn wieder ein Schuljahr zu Ende ging oder auch an ihrem Geburtstag immer etwas Nettes für sie einfallen lassen. Wir haben nicht einfach ein Geschenk überreicht, sondern wir haben gemeinsam eine kleine Feier vorbereitet. Schwester Adelgunde wurde mit dem Lehrerstuhl in die Mitte gesetzt und dann haben wir unsere diversen Vorbereitungen präsentiert. Die Überraschung war uns immer gut gelungen. Wir Mädchen haben abwechselnd Gedichte vorgetragen, gemeinsam Lieder gesungen oder Musikstücke mit den Instrumenten gespielt, die wir im Musikunterricht bei Fräulein Pritzl gelernt haben. In diesem Zusammenhang haben wir dann auch ein kleines Geschenk überreicht, für das wir vorher bei allen Schülerinnen das Geld eingesammelt haben.

Diese Organisation lief mehr oder weniger über die Klassensprecherinnen. Ich kann nicht mehr ganz genau sagen, wer von uns allen einmal Klassensprecherin war, aber irgendeinmal war ich auch in Amt und Würde. Es war damals noch nicht üblich, alles über einen Elternbeirat oder ähnliches Laufen zu lassen. Da lag die Verantwortung bei uns Mädchen, und wir haben uns immer sehr bemüht, und unsere Schwester Adelgunde war immer ganz gerührt.

Handarbeitsunterricht

Auch der Handarbeitsunterricht bei Frau Wysofski nahm so langsam andere Formen an. Jetzt waren wir in einem Alter, da war Schluss mit sticken oder stricken. Jetzt wurden stärkere Geschütze aufgefahren, jawohl. Schließlich gingen wir ja immer mehr Richtung „heiratsfähiges Alter". Demzufolge wurde es Zeit, sich auf die Aussteuer vorzubereiten. Also mussten wir lernen, einen Kopfkissenbezug für unseren künftigen eigenen Hausstand zu nähen.

Dazu musste erst mal in mühevoller Kleinarbeit eine Bordüre ca. zehn Zentimeter breit und über achtzig Zentimeter lang im oberen Drittel des Kopfkissenbezuges mit Hohlsaum und Ähnlichem angefertigt werden. Das allein war schon eine Strapaze. Das Grauenvollste an dieser Aktion aber waren die Knopflöcher. Du lieber Himmel, das war Sträflingsarbeit pur.

Erst mal mussten wir die Knopflöcher auf einem Übungsfleck anfertigen. Mein Übungsfleck hatte am Ende der grauenvollen Prozedur keine definierbare Farbe mehr. In keiner Weise war mehr die Grundfarbe weiß zu erkennen. Meine Mutter hat zwar durch intensives Waschen versucht, diesen abscheulichen Übungsfleck einigermaßen sauber zu bekommen, aber ganz hat sie es nicht geschafft. Der schmutzige Übungsfleck war ein Zeichen, dass es sich hier um Schwerstarbeit gehandelt hat. Die Finger und Hände haben geschwitzt vor Anstrengung. Da meine Hände nicht immer die saubersten waren und weil ich im Handarbeitsunterricht im Winter gerne unter der Bank Mandarinen gegessen habe oder auch Schokolade, kann man sich vorstellen, welche Schmutzflecke sich da auf diesen Knopflochflecken übertragen haben.

Das war damals schon ein Schwachsinn, Knopflöcher mit der Hand zu nähen, wo es bereits Nähmaschinen gab, die ein Programm dafür hatten, aber nein, wir mussten wie das tapfere Schneiderlein alles von Hand nähen. Na ja, ich bin mit meinen Knopflöchern noch gut davongekommen. Die meiner Schwester wurden wegen grenzenloser Abscheulichkeit an der Pinnwand ausgehängt, ich kam da gerade noch mit einem blauen Auge davon. Da Frau Wysofski auf meine Schwester nicht gut zu sprechen war, hatte ich schon immer von Haus aus den Schwarzen Peter. Sie hat mich immer mit ihr verglichen und mich dadurch von vorn herein in eine besondere Schublade gesteckt.

Aber das war noch nicht alles. Das Nähen für die Aussteuer bzw. den Haushalt ging weiter. Wie es sich für ein anständiges Mädchen gehörte, trug man schließlich eine Schürze in der Küche und dazu auch das passende Tuch für den Kopf. Auch hier musste erst bei Tuch und Schürze eine Bordüre gestickt werden, ehe dann die endgültige Kochschürze mit Haube genäht wurde. Dieses Wunderwerk fand dann seine ganz persönliche Anwendung bei Schwester Ingeborg in der achten Klasse im Kochunterricht. Die Schürze musste aber auch im Unterricht getragen werden, wenn eines der Mädchen eine lange Hose trug und keinen Rock darüber anzog. Entweder Rock darüber oder Schürze, klein Istanbul war da gar nichts dagegen. Von wegen nackten Bauch, Po oder sogar Busen, wir getrauten uns nicht einmal an so etwas zu denken, geschweige denn es zu zeigen. Fleischmarkt war verboten.

Das zweite Wunderwerk für die Aussteuer war dann das Nachthemd. Kein Negligé und auch kein Babydoll, wie man es zu dieser Zeit trug. Nein es musste ein klassisches Nachthemd genäht werden. Es war am Hals züchtig hochgeschlossen, hatte kleine Ärmel und ging bis unter das Knie. Natürlich 100 % Baumwolle. Man sollte es schließlich beim Waschen kochen können. Auch sollten wir nicht verführerisch wirken, sondern in einem ordentlichen Nachtgewand zu Bett gehen.

Samstagsunterricht und Chorsingen

Ein besonderes „Highlight" an dieser Schule war der Samstagsunterricht. Ja, man liest richtig. Damals gingen wir noch samstags zur Schule. Ich persönlich habe mich auf diesen Tag immer besonders vorbereitet. Zur damaligen Zeit war freitags meistens Zuhause Badetag in der Badewanne. Da wurden auch die Haare gewaschen. Ich habe mir über Nacht immer Locken in das Haar gedreht, und zwar mit kleinen Metallklipsen. Zur damaligen Zeit war nämlich eine ganz besondere Frisur modern. Man trug einen Ponny oder Seitenscheitel und die Haare waren an den Seiten länger als hinten und mit den Metallklipsen wurden die längeren Seiten wie zu einer „sechs" oder Schnecke zusammengedreht und über Nacht fixiert. Morgens hatte man dann „schöne Haare", die sich wie eine „Sechs" nach vorne drehten. Einfach total „In".

Das passte so richtig schön zum Samstag Unterricht. An diesem Tag mussten wir nicht so viel lernen im Unterricht, sondern das Wichtigste war eigentlich das Chor-Singen. Unterricht war von 8:00 bis 11:00 Uhr und von 11:00 bis 13:00 Uhr war Chor-Singen angesagt. Das war dann so richtig die Wochenbelohnung. Alle anderen Schulen hatten um 11:00 Uhr Schulschluss, und wir durften im Anschluss daran noch so richtig singen wie die Nachtigallen. Für mich persönlich war das manchmal ein Alptraum, zumal Fräulein Pritzl, die Chorleiterin, immer ihre Klasse bevorzugt hat. Denn nur die konnten richtige singen und musizieren. Wir wurden immer nur irgendwie belächelt, die, die da irgendwelche Brummtöne von sich gaben. So auf jeden Fall habe ich das empfunden.

Lustig war es am Samstag im Chor trotzdem. Nur unsere Schule hatte nach 11:00 Uhr Chorsingen. Die Bubenschule an der Squindoschule hatte um 11:00 Uhr Schulschluss. Sie wussten, dass wir hier singen wie die Zeiserl und machten sich immer einen Spaß daraus. Spöttisch lachend verfolgten die Jungs unseren Chorgesang. Das war voll peinlich.

Unser Schulgebäude grenzte an die Stadtmauer. Nur der schmale Pausenhof lag zwischen Stadtmauer und Schulgebäude. Das offene Fenster des Chorraumes zeigte direkt auf die Stadtmauer. So war es für die neugierigen Kerle einfach, von der Stadtmauer direkt durch das offene Fenster in unser Musikzimmer zu sehen und sich über unseren Gesang und die Dirigentenbewegungen von Fräulein. Pritzl zu amüsieren. Natürlich war das für uns Mädchen auch sehr aufregend, aber auch blamabel. Schließlich war doch der eine oder andere Junge dabei, für den man schwärmte. Das eine oder andere Mädchenherz schlug ganz schön kräftig, wenn die ersten Pfiffe von der Stadtmauer ertönten. Wir zupften an unserer Kleidung, reckten die Köpfe und die Hälse. Da fingen sogar die eingedrehten Haarschnecken an zu wippen. Die Stimmen wurden wackeliger und albernes Kichern und Schubsen machte sich breit. Eine sichtliche Unruhe kam in den Rundgesang, bis es Fräulein Pritzl zu dumm wurde und das große offene Fenster geschlossen wurde.

Uns hat man auch jetzt nicht so richtig für voll genommen. Wir waren ja immerhin die Jüngeren. Die Eliteklasse von Fräulein Pritzl hat hier gedacht, dass diese „männlichen Besucher" ausschließlich wegen ihnen gekommen waren. Aber dem war so nicht, das war schon für uns bestimmt. Da kannten wir uns aus. Diese super Pritzlklasse hielt sich ja immer für so was von toll, reifer und erfahrener. Eben die „Kinder der weltlichen Lehrerin" und wir die „Klosterschülerinnen", immer nur unterrichtet von Nonnen.

Für einige Schülerinnen war die Singerei von Haus aus ganz schlimm. Vor allen Dingen dann, wenn es um die Benotung ging. Da musste jede vor der Klasse vorsingen. Fräulein Pritzl saß an ihrem Harmonium und stimmte ein Lied an, und die Schülerin musste das Lied zu Ende singen. Da konnten wir uns meistens das Lachen nicht verkneifen, denn diese Gesangseinlagen waren zum Teil grauenvoll. Besonders leidgetan haben mir dabei die beiden Renates. Ihr Brummorgan war wirklich nicht mehr zu Toppen. Bei ihnen war Fräulein Pritzl immer sehr gnädig, sie mussten nur drei Töne brummen und dann durfte sie sich wieder setzen und sie bekam dafür immer die Note drei.

Schön war es aber auch, wenn wir in einer freiwilligen Sonderstunde Musikunterricht nehmen durften, und zwar für die Instrumente Blockflöte, Altflöte und Xylophon. Das war eine schöne Abwechslung in dem sonst so tristen Schulalltag.

Einmal hat Fräulein. Pritzl sogar mit allen Schülerinnen und dem Chor ein Musical „Schlaraffenland" einstudiert. Das war zum Teil ganz schön schwer, hat aber allen Teilnehmern sehr viel Freude gemacht. Ich kann mich jetzt gar nicht mehr so richtig daran erinnern, was aus diesem Musical geworden ist, ob wir das zu Ende einstudiert und irgendwann einmal aufgeführt haben, entfällt meiner Erinnerung.

Fräulein Pritzl war wirklich eine flotte Lehrerin, immer gut drauf, ging voll auf in der Musik und hat geraucht, was das Zeug hielt. Auch einem Gläschen Wein war sie nicht abgeneigt.

Vom Feinsten war unser Anstandsunterricht bei Schwester Adelgunde. Wie benehme ich mich richtig. In tiefer Erinnerung blieb mir folgende Übung:

Ich klopfe an eine Zimmertüre, betrete nach Auffordrung den Raum, ich suche eine bestimmte Person, die sich schon auf den ersten Blick nicht in diesem Raum befindet. Dann schickt es sich nicht zu fragen: Ist (z.B. Frau Meier) hier, denn das sehe ich ja, dass sie nicht hier ist. Dann muss man fragen: „Kann mir bitte jemand sagen wo sich vielleicht Frau Meier befindet." Auch wenn sich das lächerlich anhört, bzw. liest. Wir haben auf jeden Fall in diesem Anstandsunterricht sehr viel gelernt und hatten auch viel Spaß dabei.

Ebenso haben wir in all unseren Schuljahren viel gelernt, was zur Allgemeinbildung gehört. Unsere Pflichten hatten wir stets vor Augen. Sehr viele Rechte gab es nicht. Dafür Grenzen. Respekt war uns in Fleisch und Blut übergegangen und „Revolution wurde klein geschrieben".

Es würde heute sicher nicht schaden, wenn man wenigstens eine Unterrichtsstunde im Monat für die jetzigen Schüler dafür aufwenden würde, um auch ihnen ein klein wenig Anstand, Respekt oder auch Allgemeinbildung beizubringen. Aber wahrscheinlich ist das alles inzwischen überholt und ich bin zu altmodisch oder konservativ, obwohl ich mich persönlich so nicht sehe.

Noch ein Unterrichtsfach wurde an dieser Schule bevorzugt behandelt, Hauswirtschaft. Ja, ja, schon sehr frühzeitig hat man versucht, aus uns sittsamen, streng klösterlich erzogenen Mädchen solide Hauswirtschafterinnen zu machen. War nicht schlecht, man hat doch einige Tipps und Tricks gelernt, die man heute noch im Haushalt gut anwenden kann. Damals auf jeden Fall hat es mich nicht interessiert, dass man Rotweinflecken mit Salz entfernen kann. In meiner Erinnerung ist dieser Tipp aber doch geblieben und angewandt habe ich ihn auch.

Traurige Momente

Es gab auch sehr traurige Momente. Eines Vormittags hat es bei uns während des Unterrichts an die Türe geklopft, dieses Bild verfolgt uns Mädels heute noch. Als unsere Schwester Adelgunde herein rief, öffnete sich ganz vorsichtig die hohe Klassenzimmertüre einen kleinen Spalt. Der schmale Kopf eines jungen Mädchens schob sich durch den Türspalt. Es handelte sich um die ältere Schwester einer Mitschülerin. Sie war ganz blass und sie trug schwarze Kleidung. Sie bat die Klassenlehrerin um ein Gespräch und kurz darauf wurde unsere Mitschülerin Sonja gerufen. Wir ahnten sofort, dass hier etwas nicht in Ordnung war, denn auch Sonja war ganz blass, als sie das Klassenzimmer verließ. Wir waren einige Zeit allein und als unsere Lehrerin zurückkam, hat sie uns die traurige Mitteilung gemacht, dass die Mutter von Sonja gestorben ist. Das war für uns alle unfassbar und sehr traurig. Ich denke, dass es für die meisten Schülerinnen das erste Mal war, dass sie so direkt mit dem Thema Tod konfrontiert wurden.

Ich kannte die Mutter gut, da ich oft zum Spielen bei Sonja war. Wir sind gemeinsam als Nachbarkinder aufgewachsen. Die Mutter war alleinerziehend und hatte sieben Kinder. Das Jüngste dürfte damals vermutlich erst zehn Jahre alt gewesen sein. Ein hartes Schicksal hat diese Familie getroffen, als die Mutter viel zu früh an Krebs verstarb. Damals konnten wir nicht ahnen, dass auch unsere Mitschülerin Sonja etwa 40 Jahre später, ebenso im besten Frauenalter, frühzeitig an Krebs erkranken und sterben wird. Damit die Kinder nicht auseinandergerissen wurden und in ein Heim kamen, haben damals der älteste Bruder und seine Frau die Wohnung der Verstorbenen und die ganze Kinderschar übernommen und großgezogen.

Ich zolle diesem Paar, das selbst keine eigenen Kinder hatte, großen Respekt. Es war für sie nicht einfach, es war zum Teil sehr schwer. Aber sie haben es geschafft, die Kinder gut großzuziehen, bis jedes seinen eigenen Weg ging.

Veränderungen

Nach der sechsten Klasse kamen erneut Veränderungen auf uns zu. Schon im ersten Halbjahr wurden die ersten Vorbereitungen getroffen für einen Übertritt in die Realschule Maria Stern im Kloster. Nur wenige Mädchen haben sich für den Besuch der Realschule (damals Mittelschule) entschieden, was natürlich bei unseren Nonnen nicht gerade zu Begeisterungsausrufen führte.

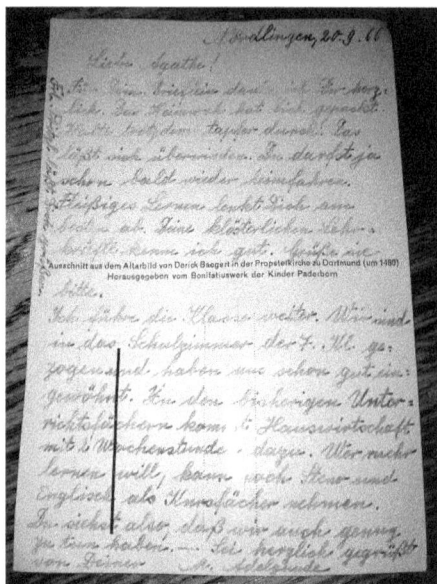

Ausschnitt aus dem Altarbild von Derick Baegert in der Propsteikirche zu Dortmund (um 1480) Herausgegeben vom Bonifatiuswerk der Kinder Paderborn

Wenigstens hatten wir Glück und bekamen ab der sieb-ten Klasse noch nicht die strenge Hand der Rektorin, Schwester Ingeborg, zu spüren. Das wurde verschoben. Wir hatten noch ein Jahr Galgenfrist und durften ein drittes Jahr

Rückseite der Ansichtskarte von Schwester Adelgunde an Agathe.

Schwester Adelgunde „genießen". Nachdem die „Elite" weg war, konnte man nun ab der siebten Klasse zum gemütlichen Teil übergehen. Schließlich war Schwester Adelgunde inzwischen schon so handzahm geworden, dass eigentlich nichts mehr schief gehen konnte.

Und doch, ab der siebten Klasse war die „Kinderzeit" vorbei. Die Schülerinnen der katholischen Mädchenvolksschule mussten sich langsam auf das „Leben" vorbereiten. Den letzten Schliff bekamen sie allerdings erst bei Schwester Ingeborg in der achten Klasse. Aber ab der siebten Klasse begann tatsächlich schon langsam der „Ernst des Lebens". Vieles war jetzt anders geworden als vorher. Die Klasse war noch kleiner, die Tischanordnung wurde verändert, und der Unterricht war anders aufgebaut. Es wurden noch mehr Erwartungen in die immer erwachsener wirkenden Mädchen gesetzt.

Ein ganz wichtiges Thema war jetzt die Sexualität. Und so gab es auch an dieser Schule bei Schwester Adelgunde den berühmten Aufklärungsunterricht. Nicht nach Oswald Kolle, sondern nach Vorschrift Schwester Ingeborg und den katholischen Lehren.

Zu diesem doch sehr wichtigen Thema hat Schwester Adelgunde die Eltern der Schülerinnen zu einem Elternabend in die Schule bestellt. An diesem Elternabend hat sie ein kleines Büchlein mit der entsprechenden Aufklärungslektüre an die Eltern verteilt mit der Bitte, diese Lektüre an die Kinder weiterzuleiten. In diesem Buch konnten dann die Schülerinnen nachlesen, wie das jetzt so geht mit dem Kinderkriegen.

Im Unterricht selbst wurde dieses Thema totgeschwiegen. Die Folge davon war, dass Schülerinnen schon ab dem Alter von siebzehn Jahren (zum Teil noch berufschulpflichtig) Mutterfreuden entgegensahen. Mit achtzehn Jahren waren sie dann mehr oder weniger glücklich verheiratet und mit zwanzig Jahren zum Teil das erste Mal glücklich geschieden. Der Aufklärungsunterricht der siebten Klasse katholische Mädchenvolksschule Nördlingen hat voll ins Schwarze getroffen.

Während sich der eine Teil der Mitschülerinnen durch die siebte Klasse in dritter Folge bei Schwester Adelgunde quälte, über-

96

legte sich der kleinere Teil in der Realschule Maria Stern, ob man nach den vier Jahren nicht doch besser gleich dem Ordnen beitreten sollte.

Die Revoluzzer (Brigitta, Karin, Sonngard, Edeltraud, Renate, Rita und Petra) aber, sie standen bereits in den Startlöchern der Freiheit. Nach Abschluss der 7. Klasse würden sie auf der Handelschule ihr Unwesen treiben und das nicht zu gering.

Die Klasse verkleinerte sich erneut ganz deutlich. Uns Mädchen fiel der Abschied von den Mitschülerinnen nicht leicht. Obwohl es war für die Handelschülerinnen sehr verlockend, endlich in eine gemischte Mädchen/Jungen Klasse zu kommen und endlich weltliche Lehrerinnen und auch Lehrer zu haben. Die Realschule im Kloster Maria Stern dagegen stand weiterhin voll unter dem Regiment der Nonnen.

Ich hatte mich für den Besuch der Handelschule entschieden, denn nochmals vier Jahre im Kloster und wieder vier Jahre Nonnen als Lehrerinnen, du lieber Himmel, das konnte ich mir nicht vorstellen.

Wenn ich persönlich gewusst hätte, was da in der Handelschule an Lehrern auf mich zukommt, welches irre Regime mich erwartet, wäre ich leichter bei meinen Nonnen geblieben. Da war ich zwar Strenge gewohnt, musste aber nicht gegen psychischen Terror, Ungerechtigkeiten, entstandene Ängste und Chaos ankämpfen.

Wir haben dann zwar nach der siebten Klasse von unseren Mitschülerinnen Abschied genommen und doch ist es irgendwie die „alte Klasse" geblieben. Da einige Mädchen mit mir in die Handelschule gewechselt sind, und wir auch alle zusammen wieder in eine Klasse gekommen sind, war das ein leichter Übertritt. Auch der Kontakt zu den ehemaligen Schulkolleginnen blieb trotz des Wechsels in irgendeiner Form erhalten.

Schließlich war man mit vielen Mitschülerinnen nachbarschaftlich oder auch inzwischen freundschaftlich verbunden. Man lebte seit Jahren im gleichen Wohnviertel, verbrachte gemeinsam die Freizeit, besuchte die gleiche Jugendgruppe und traf sich am Sonntag zum Gottesdienst in der Kirche. Daran hat auch der Schulwechsel nicht viel geändert.

Heute sind wir froh darüber, dass diese Verbundenheit bestehen blieb, dass sich im Laufe der Schulzeit unter den Mitschülerinnen Gruppen und Zweisamkeiten gebildet haben, die bis zum heutigen Tag immer noch sichtlich erhalten sind und gepflegt werden.

Eine Mitschülerin habe ich nach dem Übertritt in die Handelschule richtig vermisst. Das war unsere Ute. Sie war als Kind immer etwas pummelig und sie hatte die schönsten Hängebacken, die immer hin und her wackelten, wenn sie den Kopf schüttelte. Sie hat sich auch immer gefreut, wenn sie von meinem Eibrot beißen durfte. Ich habe es geliebt, sie in diese Hängebacken zu kneifen, was sie mir allerdings immer sehr übel genommen hat. Sie ging schon bei meinem bloßen Anblick in Abwehrstellung.

Die Teilung der Klasse war ein einschneidender Lebensabschnitt für alle. Die Schülerinnen, die auf eine andere Schule gewechselt sind, mussten sich den neuen Herausforderungen und Gegebenheiten stellen. Und der Rest, der zurückblieb, dem fehlte ein vertrautes Potential.

Die neue Schule war nicht unbedingt ein Zuckerschlecken. So manches Mal hat sich doch die eine oder andere Schülerin in den „klösterlichen Schoß" von Schwester Adelgunde zurückgesehnt. Schließlich waren wir, wenn auch streng, so doch sehr behütet bei unseren Nonnen aufgewachsen und erzogen worden. Auch die andere Gruppe, die in Maria Stern die Realschule besuchte, hatte nun mit noch strengeren Regeln zu kämpfen und der restliche „Klassenstamm" blieb ohne uns zurück.

In der Handelschule

Was war doch alles an dieser neuen Schule geboten! Die erste Zeit war ja noch in Ordnung. Man hatte so seine Eingewöhnungsphase. Alles war neu und ganz anders als in unserer behüteten Mädchenschule. Hier pfiff ein ganz anderer Wind. Halleluja, das war nichts für zart besaitete Nerven. Ein Lehrer verrückter als der andere! Kein Wunder, dass die Klassen manchmal total durchgeknallt waren. Wir, mit unserer „klösterlichen Erziehung", wussten gar nicht so recht, wie uns geschah.

Der Englischlehrer prügelte sich im Unterricht mit einem Schüler, der Direktor zog die Buben an den Koteletten und zwang sie so zum Aufstehen oder zum „Denken". Wenn er dann auch noch mit seinem weißen Arztmantel durch das Klassenzimmer stolzierte und mit seinem langen, dicken Stock bei den Buben mit einem Schlag auf den Hinterkopf versuchte, das Denkvermögen zu aktivieren, dann haben wir uns oft nach unserer Rektorin Schwester Ingeborg gesehnt. Die war harmlos gegen das, was sich da abgespielt hat.

Ganz schrecklich war es für mich, wenn der Satz kam: „Heute Nachmittag um 15:00 Uhr!" Das bedeutete Nachsitzen beim Direktor und das war ein Alptraum. Er stellte beim Nachsitzen seine Aufgaben und ging dabei im Klassenzimmer auf und ab, immer im weißen Arztmantel. Dabei spielte er mit der Hand in der Tasche seines Arztkittels mit dem Schlüsselbund. Es handelte sich hier um einen großen Schlüsselbund mit großen, schweren Metallschlüsseln, denn es war ein altes Schulhaus mit großen, alten Türen.

Das Klappern des Schlüsselbundes jagte Angst ein. Nacheinander rief der Direktor beim Nachsitzen die Schüler oder Schülerinnen an die Tafel, um die von ihm gestellten Aufgaben zu lösen. War man nicht in der Lage, die gestellte Aufgabe korrekt zu lösen, so konnte es schon mal passieren, dass er von der hinteren Fensterreihe aus den schweren Metallschlüsselbund durch die ganze Klasse vor zur Tafel warf. Es war für den Schüler nicht gerade angenehm, wenn der Schlüsselbund sehr knapp am Kopf vorbei gegen die Tafel knallte. Meine Wenigkeit kam auch in diesen Genuss.

Unser Klassenlehrer selbst war für mich ein Psychopath, der sich immer das schwächste Glied in der Klasse für seine Verarschungsspäße ausgesucht hat. Wenn er einen Schüler oder eine Schülerin nicht mochte, dann hat er diese Person so lange unter Druck gesetzt, bis sie sich aus Angst heraus falsch benommen oder schlechte Noten geschrieben hat. Er hat alles daran gesetzt, ganz schnell und knapp aufeinander Verweise auszustellen, um somit die Schüler von der Schule zu jagen.

Er hat sich als ganz schlau gesehen, wenn er bei den Schulaufgaben am Lehrerpult das Fenster öffnete und so tat, als würde er aus dem Fenster sehen, dabei hat er in die

Fensterscheibe geblickt. Er hat sie quasi als Spiegel benutzt und dabei entdeckt, wenn in der Klasse jemand abgeschrieben oder mit Spickzettel gearbeitet hat. Wenn er dann jemanden auf frischer Tat ertappte und ihn dafür rügen oder strafen konnte, dann war seine Freude sehr groß. Der Tag war für ihn gelaufen und die restlichen Schüler konnten aufatmen. Für den Rest des Unterrichts war wieder Ruhe angesagt.

Das Gleiche galt auch, wenn er Morgen- oder Pausenaufsicht hatte und er dabei irgendeinen Schüler bei einem Unrecht erwischen konnte. Seine hämisch verzogene Fratze sehe ich heute immer noch vor mir, wenn er gerufen hat: „Hab ich dich!"

Ich selbst habe sehr unter diesem Lehrer und seinen Ungerechtigkeiten gelitten. Ich habe nichts, aber auch gar nichts vergessen, was er mir und dem einen oder anderen Schüler mit seinem unpädagogischen Verhalten angetan hat.

Jedes zweite Worte von ihm war: „Du bist doch blöd Mann"! Und dabei langte er sich mit seinem Zeigefinger an die Stirn. Dass er der Blödeste von allen war, hat er wohl selbst nie erkannt.

Als ich wieder einmal eine ungenügende Schulaufgabe in Buchführung von ihm zurückbekommen habe konnte man sehen, wie er es genoss, mich vor der ganzen Klasse bloß zu stellen mit folgendem Satz: „ Es gibt Leute die sind faul, es gibt Leute, die sind stinkfaul, es gibt aber auch Leute, die sind zu faul zum Stinken, und das bist du meine liebe Petra." Und damit hat er mir die Buchführungsarbeit mit der Note sechs überreicht.

Dass er sich damit ein Armutszeugnis ausgestellt hat, das hat er nicht erkannt. Buchführung muss man begreifen, man kann es nicht nur lernen. Und wenn ein Schüler etwas nicht begreift, bzw. große Angst vor dem Lehrer hat, dann muss das auch etwas mit dem Lehrer zu tun haben.

Ein Schüler bekam einmal eine Strafarbeit mit folgendem Satz: „ Ich sollte eigentlich wissen, dass mein Lehrer Herr Studienrat .... seit September 1968 nicht mehr Studienrat sondern Oberstudienrat ist. Weil ich mir das nicht merken kann, schreibe ich diesen Satz fünfzig Mal". Das war eine Folge seiner Beförderung vom Studienrat zum Oberstudienrat. Wer nach einer gewissen Karenzzeit immer noch gewohnheitsbedingt Herr Studienrat sagte, der hatte dann irgendwann einmal die Arschkarte gezogen und musste diese „sinnvolle" Merkarbeit schreiben.

Oh ich habe ihn gehasst wie die Pest. Ich hatte mir damals geschworen, wenn ich die Schule beendet habe und diesem Menschen jemals wieder begegne, dann werde ich ihn nicht mal mehr mit dem Hintern anschauen, geschweige denn mit dem Gesicht.

Daran habe ich mich gehalten. Ich bin ihm später oft beruflich auf dem Postamt begegnet. Ich habe ihn nicht gegrüßt und nicht beachtet, ebenso nicht bei unserem ersten Klassentreffen nach zehn Jahren. Ich hatte mir auch geschworen, wenn ich jemals Kinder haben sollte und diese Person unterrichtet dann immer noch an dieser Schule (er hat es ja schließlich bis zum Studiendirektor gebracht), dann darf keines meiner Kinder diese Schule besuchen. Meine Tochter hat die Realschule Maria Stern besucht.

Doch das war an dieser Schule alles noch nicht genug. Der Englischlehrer war ein Einfaltspinsel, der vielleicht gut

Englisch gesprochen hat, aber nicht in der Lage war, uns dieses Wissen beizubringen.

Er stellte sich immer zu Unterrichtsbeginn einen roten Plastikbecher von der Waschpulverfirma OMO auf den Schreibtisch und eine Tube Zahnpasta daneben. Während des Unterrichts ging er immer wieder zum Waschbecken im Klassenzimmer, schraubte die Tube Zahnpaste auf, quetschte sich einen Streifen Zahnpaste in den Mund, füllte den Omobecher mit Wasser und trank das Wasser hinterher. Anschließend hatte er immer beim Sprechen so weiße Speichelecken am Mund von dieser Zahnpasta, grauenvoll war das.

Für die Noten hatte er ein winzig kleines Notizbuch. In das trug er die Noten für jeden einzelnen Schüler mit dem Bleistift ein. Er machte ja laufend Noten, wenn er die einzelnen Schüler nach Vokabeln fragte oder aus dem Englischbuch vorlesen ließ. Er hatte dabei ein Notenschema zum Fürchten. Das galt auch, wenn er Schulaufgaben oder sonstige schriftliche Arbeiten benotete. Er gab die Noten, je nach dem, wie er aufgelegt war bzw. wie er mit dem Schüler klar kam.

Sehr ausschlaggebend war aber auch, wie die Schüler sich zu dieser Form der Benotung stellten. Der eine bekam bei drei Fehlern noch die Note eins, der andere die Note drei, je nach dem. Drohte oder beschimpfte man ihn oder forderte man ihn auf, die Noten zu ändern, dann hat er gelacht und sich gefreut. Je nach Lust und Laune, hat er die Note aus seinem Notizbuch wieder ausradiert und eine andere Note neu reingeschrieben.

Wenn er Vokabeln abfragte, lief er immer durch die Bankreihen und hat den Schülern, je nach dem, einen Strich mit der Kreide auf die Wange gemalt. Na da hättet ihr einmal unsere Karin erleben sollen, als er sie mit Kreide bemalt hat. Sie hat ihr Englischbuch genommen, ist aufgestanden, hinter dem Lehrer hergelaufen und hat ihm das Englischbuch voll auf den Hinterkopf geknallt. Da hat der nur gelacht und mit dem Finger gedroht. Sein weißer Speichel hat dabei im Mundwinkel geglänzt wie „Wallerstein bei Nacht".

Das war nicht alles. Wir traten in den Streik und haben vereinbart, wenn dieser Englischlehrer unterrichtet und Fragen stellt, werden wir nicht antworten. So kam es auch. Er stellte bei den Buben (es hat den armen Manfred erwischt, damals ein schmächtiger Junge) an der Fensterreihe die erste Frage. Keine Antwort, nächster Schüler, keine Antwort. Er ging zurück zum ersten Schüler und wiederholte seine Frage, keine Antwort. Da holte er aus und schlug mit der Hand dem Manfred mitten ins Gesicht.

Aber da hatte er die Rechnung ohne unseren Metzgersohn gemacht. Der erhob sich in voller Lebensgröße (er war älter als wir, da er aus dem Gymnasium kam, war groß und kräftig und sprach schon gut Englisch). Er hat den Lehrer in Englisch aufgefordert, sich mit ihm zu duellieren und nicht mit so einem schmächtigen Jungen. Tatsächlich gingen Lehrer und Schüler auf den Gang hinaus. Nach kurzer Zeit kamen sie abgekämpft und blass im Gesicht wieder zurück.

Dem Lehrer war die goldene Halskette zerrissen und das Hemd war an der Brusttasche kaputt. Unser „Verteidiger" hat nichts abbekommen, nahm auf seinem Stuhl wieder Platz. Der Lehrer packte seine Sachen und verließ das Klassenzimmer. „Na bravo, wenn das der Direktor mitbekommt, dann Gnade uns Gott", dachten wir. Wir haben dann selbst den Unterricht geführt und Vokabeln abgefragt und laut gelesen, dass man von draußen meinen konnte, alles sei in der Klasse in Ordnung. Es gab keine Nachwehen, wie auch, der Lehrer hätte sich ja selbst damit ein Armutszeugnis ausgestellt.

Der hatte es wirklich voll drauf, bei dem ist es auch vorgekommen, dass er in den Unterricht mit zweierlei Schuhen kam, ein Schuh braun, der andere schwarz. Wir haben ihm das dann in Englisch zu verstehen gegeben, da hat er wieder nur gelacht. Er fand überhaupt alles sehr witzig oder er rastete aus, einen Mittelweg gab es nicht. Ich hatte es sehr gut bei ihm, denn meine Mutter gefiel ihm, sie war im Elternbeirat vertreten. Immer hat er von ihr in den höchsten Tönen geschwärmt und öfter mal durch mich Grüße an sie bestellt.

Nicht viel besser war unser Rechenlehrer, der war ja die Krönung dieser gesamten Schießbudenfiguren von Lehrern. Er hat uns doch tatsächlich mit „Sie" angesprochen. Wir waren damals fünfzehn Jahre alt. Er trug eine ganz dicke Brille. Sein Haar war schon sehr schütter, obwohl er noch gar nicht so alt war. Er wurde immer rot im Gesicht, egal was er sagte. Nie hat es dieser Lehrer geschafft, Ruhe in die Klasse reinzubringen. Bei ihm herrschten immer ein gnadenloses Durcheinander und eine starke Unruhe.

Wir Mädchen wussten, dass er immer rot und verlegen wird, und haben das natürlich voll ausgenutzt. Wir haben uns immer gemeldet, die Tafel zu putzen. Zu dieser Zeit war Minimode angesagt und wir trugen ganz kurze Kleider. Um die Tafel zu putzen, haben wir sie ganz nach oben geschoben, so dass wir uns richtig strecken mussten, um von oben nach unten putzen zu können. Dabei ist natürlich immer das Kleid oder das T-shirt mit nach oben gerutscht und der Lehrer war immer fast dem Wahnsinn nahe. Also auch die Rechenstunde im wahrsten Sinne des Wortes für die Katz. Der Lehrer war viel zu schüchtern und zu schwach und hatte keine Chance gegen uns.

Super in diesem „Lehrerhaushalt" war unsere Steno- und Schreibmaschinenlehrerin.

Ein älteres, altjungferliches Fräulein mit dem passenden Vornamen Else, mit dicker Brille und einem Haarknoten. Sie hat es wirklich sehr gut mit uns gemeint. Sie trug immer Röcke und dazu sehr altbackene Schuhe und vor allen Dingen immer einen Flanellunterrock in den Farben rose oder hellblau. Dieser Hauch von verführerischer Unterwäsche spitzte immer leicht unter dem Rock hervor. Sie war einfach zauberhaft und hat alles getan, um uns Steno und Maschinenschreiben perfekt beizubringen.

Das Klappern auf der damals mechanischen Schreibmaschine und ihre Kommandos: „asdf – leer ölkj – leer", klingen heute noch wie „Musik" in meinen Ohren.

Sie war auch dafür zuständig, wenn es einem Schüler schlecht wurde, sich jemand verletzte oder sich nicht wohl fühlte. Dann ging man zu dieser sehr mütterlichen Lehrerin in das Lehrerzimmer. Unserer Rita in der Klasse war es wenigstens einmal im Monat nicht besonders gut. Da brauchte sie immer die Hilfe von Fräulein Else. Die hat es immer sehr gut gemeint und Rita einen Würfelzucker gegeben, getränkt mit sehr viel Klosterfrau Melissengeist. Wenn es nötig war, bekam sie auch noch einen zweiten Würfelzucker. Dass Rita dann manchmal schon fast lallend in die Klasse zurückkam, das ist ihr nie aufgefallen. Meistens aber hat Rita das Mitleid von Fräulein Else so sehr angeregt, dass sie nach Hause durfte. Und das mit dem Fahrrad, nach einem doppelten

Klosterfrau Melissengeist. Na ja, kein Problem, damals waren die Polizeikontrollen noch nicht so streng, bzw. es gab kaum welche.

Wunderbar war der Handarbeitsunterricht bei einer sehr gepflegten Lehrerin. Sie war äußerst pflegeleicht und ratschte gerne. So geschah es sehr oft, dass sie uns mit Handarbeitsaufgaben eindeckte, das Klassenzimmer verließ und für längere Zeit nicht zurückkam. Kaum war sie weg, war Ramba Zamba angesagt.

Sie trug meist einen schicken Mantel und immer dazu eine passende Kopfbekleidung, die einem Turban glich. Ich liebte es, diese Kleidung aus dem Schrank zu holen, den Turban aufzusetzen und in den Mantel zu schlüpfen. Vor allen Dingen im Winter, wenn es ein Pelzmantel war. Dann rauf auf den Tisch und einen Lauf hinlegen wie bei einer Modenschau. Eine der Mädchen stand Schmiere und wenn es hieß: Die ……. kommt, dann ab die Post. Runter vom Podest, Mantel und Turban zurück und ruhig handarbeiten.

Einmal machte sie uns zur Prüfungsaufgabe, eine Weste, ohne Ärmel, zu stricken. Auweh, das war nichts für die Tochter meiner Mutter. Ich hatte noch nicht einmal richtig die Maschen angeschlagen, da gaben die ersten Schülerinnen schon ihre Handarbeiten ab. Jetzt war guter Rat teuer.

Eine liebe Mitschülerin hat mir aus der Patsche geholfen. Sie hatte eine schöne Weste mit Zopfmuster gestrickt und hübsche Knöpfe angebracht.

Ich nahm ihre Weste, trennte die Knöpfe ab, nähte moderne, golden glänzende Spangen an die Weste und legte sie zur Benotung vor. Und siehe da, ich bekam die Note zwei für mein „großes Werk".

Vergleiche ich das mit den heutigen Lehrern, Schülern und Schulen, dann kann man nur den Kopf schütteln. Damals extrem dominante oder verrückte Lehrer und Eltern die sich nur geduckt und gekuscht haben. Da war der Herr Lehrer oder die Frau Lehrerin noch was ganz Besonderes und auch der Herr Pfarrer. Da hat sich doch keiner gewagt aufzumucken oder sich zu beschweren. Geschweige denn, dass die Eltern so richtig hinter ihren Kindern standen.

Heute dagegen verrückte Schüler die Amok laufen und Weicheier von Lehrern die, überwiegend Mitte fünfzig, psychisch krank sind und sich vorzeitig pensionieren lassen. Dazu Eltern, die entweder übermotiviert oder desinteressiert sind, bzw. mit sich und ihrem Leben nicht klar kommen und das voll auf Kind, Kindergarten, Schule und Lehrer abwälzen.

Das ist so richtig typisch für unser System. Da gab und gibt es keinen Mittelweg. Immer nur extrem links verrückt oder extrem rechts verrückt, aber kaum fähige Lösungen mit einer goldenen Mitte. Schade, schade vor allen Dingen um die Schüler aber auch um die Lehrer und das ganze System überhaupt. Das war schon bei uns so und zieht sich weiterhin durch wie ein roter Faden. Stelle ich es zum Vergleich nebeneinander, ich kann nicht sagen, was nun die sinnvollere Variante ist. Vielleicht sehe aber auch nur ich das so eng, kann sein, ich lasse mich da gerne eines Besseren belehren.

Man kämpfte sich so durch in der Schulzeit der sechziger Jahre. Und auch an uns prallte die achtundsechziger Bewegung nicht ganz ab. Der Zusammenhalt innerhalb der Handelschulklasse war sehr groß und Mädchen und Jungs kamen super miteinander klar. Ähnlich gut wie in unserer früheren Mädchenklasse, der katholischen Mädchenvolksschule, aber doch ganz anders. Man hat sich an die unmögliche Schule und den Stil der Lehrer gewöhnt.

Bei Jungs und Mädchen in der Schule, da bleiben die ersten Flirts nicht aus. Sie entstanden bereits innerhalb der Klasse, aber auch mit den Jungs aus der anderen Klasse wurde auf Teufel komm raus geliebäugelt. Aus diesen Flirts sind sogar spätere feste Partnerschaften und Ehen hervorgegangen. Überhaupt haben sich die Schüler und die Klassen untereinander, trotz dieser chaotischen Lehrer, sehr gut verstanden. Man hat, von einer anderen Seite gesehen, sehr schöne Zeiten miteinander verbracht.

Es war die Zeit der Beatles und Rolling Stones, eine Zeit des Aufbruchs, der Drogen, der freien Liebe und der Entwicklung eines ganz neuen Jugendstils. Wir hatten nur Blödsinn im Kopf, verkleideten uns an Fasching als Hippies, träumten und sangen von Flower Power, rauchten im Freibad hinter dem Korb versteckt die ersten Zigaretten (mein Gott, wenn das Schwester Adelgunde gesehen hätte). Man tauschte mit dem Auserwählten die ersten feuchten Küsse aus. Wir machten gemeinsam schöne Schulausflüge, und wenn es notwendig war, durfte auch eine von der anderen abschreiben.

Viel spielte sich in dieser Zeit bei Edeltraud in der Mühlgasse oder bei Renate in der Löpsinger Strasse ab. (Beide sind leider sehr früh verstorben.) Auch während der Zeit der Volksschule waren wir immer bei Edeltraud zum Kinderfasching. Einfach super. Das Wohnzimmer ihrer Eltern wurde auf den Kopf gestellt. Wir waren meistens als Cowboys verkleidet und tanzen mit Indianergeheul und Pistolen knallend um den Tisch herum. Die besondere Krönung war damals das Getränk „Schneegestöber" (Zitronenlimonade mit einem Klecks Eierlikör). Das war schon eine schöne Zeit. Und vor allen Dingen, wo durfte man sich denn damals schon so austoben? Und das im Wohnzimmer? Das war nur bei Edeltraud möglich.

Jugendgruppe

Mit unseren ehemaligen Mitschülerinnen aus der Mädchenvolksschule trafen wir uns am Samstag in der Jugendgruppe. Es war ein schönes Miteinander. Wir waren Mädels aus der Volksschule, Mittel- und Handelschule. Katholisch und auch evangelisch. Unsere Gruppenleiterin war aus der Fachakademie Kloster Maria Stern. Man traf sich, spielte, plauderte, sang, musizierte und bastelte.

Oftmals unternahmen wir Fahrten mit dem Rad nach Christgarten in die Hoppelmühle. Da blieben wir dann über das Wochenende. Am Samstagabend kam Pfarrer Mutzel von Sankt Salvator mit dazu. Wir haben gemeinsam gekocht oder in der Höhle im Wald gegrillt. Wir haben musiziert, mit unseren Gitarren gespielt und gesungen. In der Nacht wurde kaum geschlafen. Immer standen irgendwelche Streiche im Vordergrund. Wir haben die Geisterstunde eingeläutet, waren aufgeregt und so richtig verrückt. Natürlich haben wir auch unsere Freunde nach Christgarten bestellt. Sie waren aus unserer Klasse oder aus unserem Bekanntenkreis. Allerdings hat das nachts nicht geklappt, dafür hatten

schon Pfarrer Mutzel und die Gruppenleitung gesorgt. Aber am Sonntag, das war dann unser Tag. Zunächst mussten wir morgens die anstrengende Fahrt mit dem Rad in der Kirche

Herbst 1968 Ausflug nach Christgarten mit der Frohschar und Übernachtung

nach Bollstadt auf uns nehmen (da klebt bestimmt heute noch mein Kaugummi unter der Kirchenbank). Schließlich waren wir eine streng katholische Mädchengruppe und das bedeutete Gottesdienst am Sonntag und zwar das Hochamt in Bollstadt. Das dauerte über eine Stunde. Vorher aber erst mal bergauf mit dem Rad. Wir haben mehr geschoben, als wir gefahren sind. Keuch, keuch, das war vielleicht immer eine harte Angelegenheit. Umso schöner war dann die Rückfahrt. Da konnten wir die Räder einfach laufen lassen.

Es war alles so super. Wir waren so frei und glücklich und der Zusammenhalt unter uns Mädchen war damals

Mai 1968 Tagesausflug mit der Frohschar nach Christgarten

schon sehr intensiv.

Auch wenn wir in-zwischen in verschiedenen Schulen untergebracht waren, in unserer Jugendgruppe waren wir alle wieder vereint.

Am Sonntagnachmittag war die Heimfahrt mit den Rädern nach Nördlingen geplant. Jetzt kam der Moment, wo sie endlich da waren, die heimlich geliebten, auserwählten Jungs aus unserer Klasse bzw. aus der Schule. Die haben natürlich noch andere Freunde mitgebracht. Und so sind wir dann mit kichern, albern sein, Halli, Hallo und Tralala nach Nördlingen zurückgeradelt. Danach ging es noch ins Sixenbräu Stüble. Da gab es einen Teller

Pommes mit Ketchup für 1,50 DM. Mein Gott waren das noch unbeschwerte Zeiten.

Waren wir nicht mit der Gruppe unterwegs, so haben wir uns samstags oft das Nebenzimmer in einer Gaststätte angemietet. Wir haben dann unser Tonbandgerät (Marke alt und schwer, damals noch mit den großen Bändern) mitgebracht. Dort im Nebenzimmer wurde die modernste Musik vom Band gehört und dazu getanzt, heimlich geraucht und auch schon mal das eine oder andere Bier getrunken. Da kam keiner und fragte nach dem Alter. Es war eben so. Und übertrieben hat man es nicht.

Damals hat man das alles noch nicht so eng gesehen. Es war vieles verboten, aber gerade das war ja so interessant, diese Ge- und Verbote in irgendeiner Weise zu umgehen. Keiner hat den anderen verpetzt oder angeschwärzt, alle waren wir uns einig. Von wegen Jugend- oder Ausweiskontrolle, alles war möglich.

Man traf sich Samstag oder Sonntag nachmittags in der Disco „Anker" und später auch im „Aquarium". Wenn immer möglich in der Eisdiele Panciera, im Hubele (Lieblingsplatz war in den Weinfässern), im Rathauscafé, im Café Altreuter oder im Nebenzimmer des Café Grimm (die Kinder gingen mit uns zur Schule). Auch hier haben wir immer wieder ehemalige Mitschülerinnen der Volksschule getroffen. Es hat keine blöd getan, weil man in einer anderen Schule war, sondern es war immer ein Hallo, wenn man sich getroffen hat. So hat man auch immer mitbekommen, was sich da so in der früheren Schule bzw. ehemaligen Klasse alles so abgespielt hat.

Die achte Klasse und Schwester Ingeborg

Inzwischen waren die Mädels der Stammklasse bei Schwester Ingeborg in der achten Klasse gelandet. Holla die Waldfee, jetzt wurde es ernst. Die hat denen gleich mal zu Beginn richtig den Marsch geblasen und gesagt wo es lang geht. Jetzt wurde man intensiv auf seine Aufgabe als „zukünftige Hausfrau am Herd" vorbereitet. Hier lernte man, wie man Fenster mit Zeitungspapier und Spiritus putzt. Putzen hieß das Zauberwort und wer das nicht konnte, dem wurde das beigebracht. So wie unserer Ute, die hatte nicht nur Hängebacken, sondern auch manchmal einen Dackelblick und der gefiel Schwester Ingeborg nicht so besonders. Deshalb war sie immer wieder ein Opfer der Putzorgien von Schwester Ingeborg.

Lt. wörtlicher Aussage von Ute hat „der alte Dragoner wieder mal zum Putzen geblasen"! Alle Mann auf den Dachboden. Zweimal im Jahr durfte man den Dachboden putzen. Dafür wurden unzählige Kübel Wasser rauf geschleppt. Dann hat Schwester Ingeborg einen Putzlappen in den Eimer von Ute geknallt und hat geschrien Schmitz: „ Du kannst das ja sowieso nicht. Ihr habt ja eine Putzfrau!" Darauf hat Ute ihr aber gezeigt, wie man putzt. Warum auch immer, der Dragoner hat kein Wort mehr gesagt oder etwas an Ute auszusetzen gehabt. Den Rest der Schulzeit hatte sie ihre Ruhe und wurde auch nicht mehr angeschrien, es war wie ein Wunder.

Überhaupt wurde Putzpersonal gespart. Putzarbeiten im Haus wurden von den Mädchen anlässlich der wöchentlichen Haushaltsstunde erledigt. Da hieß es Schürze anziehen und los ging es. Sehr schnell lernte man, was eine künftige Hausfrau zu erwarten hat.

Nach diesen Putzattacken hat sich die „Lieblingslehrerin" der achten Klasse dann auch immer mal wieder in ihr Rektoratszimmer zurückgezogen. Dort stand ein Fernseher. Man hat sehr schnell mitbekommen, dass sie heimlich Filme angesehen hat, die ihrer klösterlichen Gesinnung nicht würdig waren. Jedes mal nach einem besonders heiklen oder „erotischen" Fernsehprogramm hat sie die Schülerinnen getadelt und ihnen unterstellt, welche Schweinereien sich die Mädels im Fernsehen anschauen würden. Aber nicht nur das. Im Sommer hat sie bei der größten Hitze immer ganz viel Hausaufgaben aufgegeben mit dem Vermerk: „Euch wird es vergehen, sich auf dem Fleischmarkt (Nördlinger Freibad) zu tummeln."

Auf meine Schwester war sie auch nicht so gut zu sprechen. Die hatte ja drei Jahre vorher das Vergnügen mit Schwester Ingeborg. Je nach dem was war, hat meine Schwester sie immer mal wieder entsetzt angesehen, und dann kam immer prompt der Satz: „ Dietze, friss mich, Wurst heiße ich". Auch in diesen Reihen geschah es, dass Schwester Ingeborg in der Schulküche einen zehn Liter Eimer Wasser ausgeschüttet hat mit dem Hinweis. „Wenn du das aufgewischt hast dann weißt du, was putzen bedeutet." Wenn aber ihr Zeigestab kaputt war, dann konnte sie freundlich sein, damit unser Vater (seines Zeichen Zimmermann bei der Stadt Nördlingen) den Zeigestab wieder reparierte oder erneuerte.

Vor Wut und Zorn hat sie diesen Zeigestock kaputt gemacht. Meine Schwester durfte dann den Unterricht verlassen und zu unserem Vater zum Bauamt gehen. Das war nicht nur einmal der Fall.

Der temperamentvolle Zorn dieser Nonne war Garant für ein Schulhaus, in dem es auch nicht den winzigsten Schlendrian gab. Es genügte wenn sich Schwester Ingeborg mit abgestützten Händen in den Hüften aufplusterte und mit den kleinen Schweinsäuglein durch die dicken Brillengläser blinzelte. Da stand alles stramm und es rührte sich keine.

Bei ihr kuschte sogar der Pfarrer. Schwester Ingeborg hat den Pfarrer Zeitlmeier von Sankt Josef die Leviten gelesen, weil er in der letzten Religionsstunde vor den Ferien Witze erzählt hat. (Er war ein lustiger Pfarrer, der die besten Witze endlos erzählen konnte.) Die Klasse lachte, Schwester Ingeborg hörte das draußen, kam rein wie der Leibhaftige und hat ihn zusammengeschissen. Er soll mit den Kindern lieber einen Rosenkranz beten als diese Lachsalven zu veranstalten.

Im Winter wurden bei Ingeborg in der Schulküche, während des Kochunterrichtes, Plätzchen gebacken. Die Schülerinnen haben davon selbst nur wenig bekommen. Das wurde von Schwester Ingeborg alles konfisziert und weggeschleppt für die Lehrer und für karitative Zwecke.

Wenn sie gut drauf war, hat sie erzählt, dass es bei ihr Zuhause sonntags immer Schweinebraten und Klöße gab. Sie kam aus dem Frankenland und da war das ein sonntägliches Leibgericht. Ihre Leibesfülle zeigte auch an, dass sie davon sicherlich reichlich genossen hat.

Überhaupt, Schwester Ingeborg war fast nie in der Lage, die Mädels bei ihrem Vornamen zu nennen. Sie agierte nur mit den Nachnamen und mit einem Feldwebel Ton. Marianne trug im Unterricht einen pinkfarbenen Pulli mit kräftigen Farbstreifen am Ärmel, da schrie sie ganz entsetzt: "Stöb, da werde ich ja blind!"

Immer noch musste man im Pausenhof in Viererreihen um den großen Kastanienbaum laufen, ruhig und sittsam das Pausenbrot essen. Manchmal durfte man gar nicht in den Pausenhof, dann mussten die Mädels wie Sträflinge vor dem Schulhaus den schmalen Weg in Viererreihen auf und ab laufen. Es gab kein Toben oder Springen, geschweige denn ein lautes Lachen.

Oh wie war diese Frau anstrengend. Daher sahen die Schülerinnen es auch als kleinen Lichtblick an, als sie eines Tages in der Schule die Nachricht erreichte, dass ihre geliebte Schwester Ingeborg wegen einem Herzinfarkt vorübergehend die Klasse nicht mehr unterrichten kann. Ja man sah das als Lichtblick, denn die Mädels wurden in ein anderes Schulhaus versetzt. Es ging wieder zurück in die alte Schule in der Judengasse. Sie kamen nun zu den evangelischen Mädchen in die Klasse für ca. ein halbes Jahr und wurden dort von einer weltlichen Lehrerin unterrichtet. Sie war zwar auch streng, aber doch nicht so verbissen. Heute wäre das undenkbar, eine so große Klasse. Da fällt doch lieber oft der Unterricht aus. Das merkt man dann wieder bei den Schülern im Endprodukt. Bei uns fiel nie der Unterricht aus, der wurde von einer anderen Lehrerin bzw. Nonne übernommen. Die ging dann eben von einem Klassenzimmer zum anderen und beschäftigte die Schülerinnen mit entsprechenden Aufgaben. So einfach war das.

Schnell erkannten die Mädchen den großen Unterschied und fühlten sich bei den Evangelischen sichtlich wohl. Obwohl, manchmal, so tief in ihrem Herzen, haben sie in dieser Zeit auch die Nonnen und das Schulhaus an der Salvatorkirche vermisst.

Immer mehr begann nun der Ernst des Lebens. Alle Mädchen bekamen Gesprächstermine bei der Berufsberatung des Arbeitsamtes Nördlingen. Ach war das damals herrlich. Stellen gab es wie Sand am Meer und man fand problemlos einen Ausbildungsplatz. Ob für alle der wirkliche Berufswunsch in Erfüllung ging, ist sehr zweifelhaft, denn so richtig intensiv hat sich keine um ihre wirklichen Wünsche oder auch Fähigkeiten bemüht. Das lief alles so nebenher. Kein großer Aufwand mit vielen Gesprächsterminen, kein intensives Lernen oder vorbereiten auf eine Abschlussprüfung, denn die gab es nicht, es gab nur ein Abschlusszeugnis, keine Übungsnachmittage mit dem Thema: „Wie bewerbe ich mich richtig".

Man bekam vom Arbeitsamt eine Liste mit Firmen- und Geschäftsadressen, bei denen man sich um einen Ausbildungsplatz bewerben konnte. Jede erhielt kurzfristig eine Lehrstelle. Egal ob kaufmännische, handwerkliche, im Verkauf oder sonstige Berufe, man bekam damals einen sicheren Ausbildungsplatz und musste nicht viele besondere Voraussetzungen erfüllen oder mit langen Wartezeiten oder Absagen rechnen.

Dieses halbe Jahr in der Ersatzklasse ging schnell vorüber und den Rest der achten Klasse verbrachten die Volksschülerinnen dann wieder züchtig unter dem Regiment von Schwester Ingeborg. Da sie kein Vertrauen in die Benotung der „Evangelischen" hatte, stand den Mädchen bis zur Erstellung des Abschlusszeugnisses noch ein Martyrium bevor. Schwester Ingeborg ließ sie in mühevoller Kleinarbeit noch einmal alle Schulaufgaben und Aufsätze aus dem vergangenen halben Jahr wiederholen. Denn nur ihre eigene Benotung war für sie ausschlaggebend. In diesen Wochen hatten die Schülerinnen im wahrsten Sinne des Wortes nichts zu lachen.

Nach Notenschluss versuchte Schwester Ingeborg, in einem verkrampften und verzweifelten Entlassungsgespräch,

die Mädels im Klassenzimmer auf das „harte Leben draußen" vorzubereiten. Das betraf vor allen Dingen auch die sündige Männerwelt. Sie mahnte bzw. warnte vor den Männern mit dem tiefgründigen Satz: „Wenn man ein Glas Milch will, braucht man nicht die ganze Kuh zu kaufen!"

Gleichzeitig erging an die Schülerinnen die dringende Mahnung zur Kleiderordnung, anlässlich der geplanten Abschlussfeier. Keine Hängekleider, keine Minikleider, sonst können die Leute ja bis zum Bauchnabel schauen. Also auch in dieser letzten Amtshandlung mussten die Mädchen

„züchtig vor die Augen des Herrn" treten. Nach einem Abschlussgottesdienst und einer etwas faden Abschlussfeier in der Aula des Klosters Maria Stern hielten alle erleichtert ihr mühsam erkämpftes Abschlusszeugnis in den Händen. Ein letztes Mal wurden sie darauf aufmerksam gemacht, dass jetzt der „Ernst des Lebens" beginnt, dass „Lehrjahre keine Herrenjahre" sind und alle aber dank ihrer „klösterlichen Erziehung" gut auf das neue Leben vorbereitet sind.

Schulende und Abschluss

Das war 1968. Die Mädels aus der Volksschule waren mit ihrem Abschluss zwei Jahre früher dran als die Schülerinnen der Handelschule und der Mittelschule.

Wir kämpften also noch zwei Jahre weiter in diesem chaotischen alten Schulhaus (heute das Finanzamt Nördlingen, natürlich neu gebaut). Die Lehrer wurden inzwischen ausgetauscht. Der verrückte Englischlehrer wurde versetzt, die Steno- und Maschinenschreiblehrerin ging in den wohlverdienten Ruhestand. Jetzt war Fräulein Gruber da mit den knallroten Lippen und auch noch andere Lehrer kamen und gingen, geblieben aber ist der harte Kern, der immer noch die Schüler zum Wahnsinn trieb.

Ich habe nach der zweiten Klasse Handelschule 1969 das Handtuch geschmissen. Meine Note in Buchführung konnte ich einfach nicht verbessern. Meine Abneigung gegen meinen Klassenlehrer stieg ins Unermessliche. Das lässt sich mit Worten kaum beschreiben. Der Mann hat mich so verletzt, mein Selbstbewusstsein total untergraben. Und diese Himmel schreiende Ungerechtigkeit, die dieser Mann an den Tag legte, konnte ich nicht mehr ertragen.

Ich hätte noch die Möglichkeit gehabt, in den Ferien zu lernen und eine Nachprüfung zu machen, weil ich ja nur in diesem einen Fach bei ihm die Glanznote sechs hatte. Aber es war für mich eine Horrorvorstellung, nach den Ferien wieder dorthin zurückzugehen. Also habe ich mich entschlossen, mich beruflich zu orientieren, und habe das bis heute nicht bereut.

Meine spätere Klassenlehrerin in der Berufsschule konnte sich meine Note in Buchführung nicht erklären, denn dort hatte ich das Problem nicht. Ich habe ihr dann einmal den ganzen Sachverhalt geschildert, und auch sie hat nur mit dem Kopf geschüttelt.

Für alle anderen hatte bald das letzte Schuljahr in der Handelschule eingeläutet und zum Abschluss besuchten die Schülerinnen und Schüler zusammen einen Tanzkurs. Alle freuten sich auf den gemeinsamen Abschlussball. Dabei wurde man nach „alter Schule" von dem auserwählten Jungen aus der Klasse mit Blumen zum Ball abholt. Die Mädchen trugen ein langes oder anderes flottes Kleid und eine schicke Frisur. Die Jungs glänzten in einem gepflegten Anzug mit Krawatte.

Ach wie kam man sich da mit 16/17 Jahren total erwachsen vor. In dem Moment war alles vergessen. Die unmöglichen Lehrer, das Lernen, die Schule, alle Mühen. Es war einfach schön und man konnte und wollte genießen.

Unsere Schulzeit und Jugend war immer sehr von konservativen Erziehungsmethoden geprägt. Und so sind wir auch aufgewachsen. Obwohl bereits eine ausgelassene, verrückte Zeit angesagt war. Die 68er Bewegung griff langsam, und das haben wir sehr wohl genossen. Es war aber auch sehr schön nach der „alten Tradition und nach alter Schule" zum Abschlussball geführt zu werden. Die Anstrengung der Prüfungszeit war vorüber, man war jung, geschult und man hatte das Leben noch vor sich. Alle Mitschüler/innen hatten ihren Ausbildungsplatz oder auch den Weg für weiterführende Schulen in der Tasche. Auch jetzt gab es noch jede Menge Ausbildungsplätze, sämtliche Türen standen allen offen, man musste nur etwas daraus machen.

Unsere ehemaligen Mitschülerinnen der Mädchenvolksschule hatten bei unserem Handelschulabschluss 1970 bereits das zweite Lehrjahr hinter sich. Die Mädels, welche die

Realschule von Maria Stern besuchten, wurden inzwischen mit den aufmunternden Worten aus der Schule entlassen: „Und denkt daran, wenn ihr nun ins Leben geht – ihr seid etwas!"

In der Berufschule

Die Berufsschule, die von einigen noch besucht wurde, zeigte bereits einen großen Hauch von Freiheit. Man durfte z.B. auf dem Pausenhof rauchen. Es waren dafür Aschenbecher aufgestellt. Allerdings holte uns dort die Vergangenheit ein. Denn an der Berufsschule trieb doch tatsächlich unser alter Hausmeister von der Volksschule in der Judengasse sein „Unwesen".

Die Stimme, die durch das Schulhaus hallte, kam mir sofort bekannt vor. Er führte auch hier ein strenges Regiment. Wenn er seine Stimme erhob und Befehle erteilte, dann gab es auch jetzt keine Widerrede. Egal ob Junge oder Mädchen, Herr Niklas hatte sie alle im Griff.

Damals hatte man vor Lehrern, Vorgesetzten und dem Hausmeister noch Respekt. (Und das war gut so, denn ohne Respekt und Achtung vor dem anderen geht es nicht.) Das was sich heute in den Schulen abspielt, ist zum Haare raufen. Aber wie schon gesagt, unsere Erziehung (streng und konservativ) war der Grundstein für Anstand und Ordnung. Im Nachhinein war das gar nicht so verkehrt. Wir waren trotzdem ausgelassen und haben unsere Dinger gedreht und davon nicht wenig.

Die Wege trennen sich

Langsam trennten sich doch in einer gewissen Weise unsere Wege. Viele Mitschüler starteten über eine Lehrstelle ins Berufsleben, einige nahmen gleich eine Tätigkeit als Anfangskontoristin auf, wiederum andere haben schon bald darauf Nördlingen verlassen und ihre berufliche Karriere in Baden Württemberg gestartet. Andere gingen nach England um Sprache, Land und Leute kennen zu lernen, und wiederum andere besuchten eine weiterführende Schule. Alles lief bunt gemischt und man hat sich zum Teil aus den Augen verloren. Ein anderer Teil aber hat in der Heimat festen Fuß gefasst und seine Kontakte mit ehemaligen Mitschülerinnen ausgebaut bzw. bereits bestehende Freundschaften haben sich vertieft, andere dagegen gingen auseinander.

So war es auch bei mir. Ich habe leider eine schöne Schulfreundschaft verloren, bzw. man hat sich in der Sturm und Drangzeit „auseinander gelebt", aber schöne Erinnerungen sind geblieben. Erinnerungen an gemeinsame Freunde, Streiche und Unternehmungen. An den Gitarrenunterricht, den wir öfter geschwänzt haben, weil wir lieber in die Eisdiele wollten. Wir haben einfach die Gitarren im Garten hinter dem Holunderstrauch versteckt, bis sie eines Tages weg waren. Der Vater meiner Freundin hatte sie gefunden. Super, jetzt konnten wir sie bei ihm abholen. Na diese Strafpredigt war vom Feinsten. Die Jugendräume in St. Josef, unsere Jugendgruppe, Erinnerungen an die Schulzeit, an die ersten Flirts, an die erste Liebe, ach man könnte so vieles erzählen.

Neue Freundschaften aus der Schulzeit aber haben sich entwickelt und so ergab es sich, dass mich sechsundfünfzig

Jahre eine wunderschöne Freundschaft aus der Schulzeit heraus mit Brigitta verband. Wir beide waren es auch, die das erste Klassentreffen der katholischen Mädchenvolksschule ins Leben gerufen und organisiert haben.

Ich weiß heute nicht mehr, warum wir bewusst die Mädchenvolksschule gewählt haben und nicht die Handelschule für das erste Klassentreffen. Ein solches Treffen haben später andere organisiert. Ich war nur einmal bei einem Klassentreffen der Handelschule mit dabei. An diesem Abend bekam ich die Genugtuung, meinem alten verhassten Klassenlehrer wieder zu begegnen und ihn auf gut deutsch gesagt, nicht mit dem Hintern anzusehen. Ich habe ihn weder begrüßt, noch mich mit ihm unterhalten. Ich habe ihn einfach ignoriert. Das hat mir so richtig gutgetan. Die Wut auf ihn, wie schlecht und ungerecht er mich und viele andere in der Handelschule behandelt hat, saß immer noch sehr tief. Noch heute gärt es in mir, wenn ich an diesen unmöglichen Menschen denke, an seine verzerrte Fratze wenn er sich an einem Schüler ausließ und ihn zu irgendetwas verdonnerte. Die Ignoranz war nur eine kleine Genugtuung. Viel lieber hätte ich ihm alles einmal ins Gesicht gesagt. Aber wahrscheinlich hätte der das gar nicht begriffen. Inzwischen habe ich meinen Frieden geschlossen und denke mir nur, was für eine arme Kreatur er eigentlich war.

Wahrscheinlich haben wir uns mit dieser Mädchenklasse der Volksschule mehr verbunden gefühlt, vielleicht auch weil Brigittas Schwester auch diese Klasse besucht hat oder durch unsere Jugendgruppe. Es war eben ganz einfach von Anfang an eine starke Verbundenheit zur Stammklasse da.

Man hatte sich nach dem Start in das Berufsleben zum Teil aus den Augen verloren. Jede ging ihren eigenen, neuen

Weg. Viele haben schon bald und schnell geheiratet, Kinder bekommen, sich schnell wieder scheiden lassen. Alles war drin in den siebziger Jahren unserer Sturm- und Drangzeit. Die eine oder andere hat man weiterhin in der Stadt getroffen. Schließlich ist Nördlingen eine Kleinstadt, da läuft sich alles über den Weg, aber viele waren auch weg. Brigitta und ich wollten wissen, was ist aus ihnen geworden ist. Wie haben sie sich entwickelt, gerade die Auswärtigen. Von den Einheimischen wussten wir, ob sie inzwischen verheiratet waren, Kinder hatten. Wir waren ja zum Teil gegenseitig auf unseren Hochzeiten. Die alte Verbundenheit war also immer noch da und doch war alles anders.

Brigitta, ich und die ersten Klassentreffen

Wir haben also im Jahr 1974 unser erstes Klassentreffen organisiert. Jetzt waren wir alle zwanzig Jahre alt. Wir haben bei dem ersten Klassentreffen nach dem alten klassischen Schema gehandelt. Im Gasthaus zum Engel haben wir das Nebenzimmer reserviert, die Einladungen verschickt und dann leicht nervös die ehemaligen Mitschülerinnen erwartet.

Dieses Treffen war nicht besonders aufregend oder erfolgreich, aber ein Anfang war gemacht. Man hat die neuesten Adressen ausgetauscht. Jede wusste etwas zu berichten oder konnte erzählen, was aus der einen oder anderen ehemaligen Mitschülerin geworden ist. Es war aber auch irgendwie eine große Mauer zwischen uns allen. Man war nicht mehr so fröhlich, ausgelassen und unbekümmert wie früher, während der Schulzeit. Im Gegenteil alle wirkten irgendwie etwas gehemmt. Aber das war wohl das Alter, da verglich sich die eine mit der anderen. Was hat die schon erreicht und wo stehe ich jetzt, und mein Gott was hat sie, was ich nicht hab. Aber egal wie die Gefühle auch waren, man war sich einig, künftig im fünf Jahresrhythmus ein Klassentreffen einzuberufen. Brigitta und ich haben uns diese Abmachung an unsere Fahnenstange gesetzt und unser nächstes Klassentreffen im Jahr 1979 noch professioneller vorbereitet, als fünf Jahre zuvor.

Irgendwie ging in diesen dazwischen liegenden fünf Jahren die Schere immer weiter auseinander. Jede der inzwischen erwachsen gewordenen jungen Frauen hatte mit sich und ihrer Weiterentwicklung zu kämpfen. Man hatte schließlich noch viel vor. Die einen feilten immer noch an ihrer Karriere, die anderen leiteten mehr oder weniger erfolgreich ein kleines Familienunternehmen. Wieder andere wussten immer noch nicht, wohin ihr Weg sie führen soll. Die ersten Kinder waren da, die ersten Partnerschaften oder Ehen wieder in die Brüche gegangen. Die einen sind schon ganz groß rausgekommen, die anderen mehr oder weniger (ihrer Meinung nach) gescheitert. Alles immer noch irgendwie in Aufbruchstimmung bzw. im Kampf um das eigene Ich.

Die Zeit des unbekümmerten Daseins war vorüber. Man war nicht mehr nur auf dem Tanzboden oder in der Disco, auch nicht mehr täglich in der Eisdiele. Man konnte nicht mehr einfach so in den Tag hinein leben und mit den Rädern spazieren fahren. Das war vorbei. Daher haben wir uns auch nicht mehr so oft und ungezwungen getroffen. Man ist sich vielleicht mal schnell begegnet hier oder da, aber keine hatte mehr richtig Zeit. Und was besonders zu erkennen war, das waren die Hemmschwellen, die jede irgendwie signalisierte.

Zwei aber hatten immer noch Zeit, das waren Brigitta und ich. Wir haben es uns nicht nehmen lassen, uns regelmäßig im Café Eickmann, dienstags nach Feierabend, zu einem Plausch zu treffen. Wir haben auch Anfang der 70iger Jahre lange Zeit gemeinsam mehrere Nähkurse besucht und super und viel genäht (wenn das meine ehemalige Handarbeitslehrerin Frau Wysofski hätte sehen können. Meine schönen Knopflöcher, mit der Maschine genäht).

Oder ich bin regelmäßig freitags zu Brigitta gekommen, da sie durch ihre erste, frühe Mutterschaft, nicht mehr so flexibel war. Es waren schöne Zeiten der Gemeinsamkeit. Brigitta ist ganz in ihrer Mutterrolle aufgegangen und hat sich in der Welt der Tupper-Vorführungen einen Namen gemacht.

Ich habe mich beruflich weiterentwickelt und im Jahr 1978 waren wir gemeinsam schwanger und haben eine herrliche Zeit der Schwangerschaft miteinander genossen. Wir waren regelmäßig im Hallenbad schwimmen, bei der Schwangerschaftsgymnastik und haben stolz unseren Bauch vor uns hergeschoben. Wir haben beide, Brigitta im Mai und ich im August, jeweils einem gesunden Mädchen das Leben geschenkt. Diese Zeit und dieses gemeinsame Erlebnis hat unsere Freundschaft noch mehr vertieft. Unsere schönen Erlebnisse und die Erinnerung an eine wunderschöne gemeinsame Schul- und Jugendzeit hat dann auch wieder dazu geführt, dass wir das nächste Klassentreffen 1979 gemeinsam vorbereitet haben.

Dieses Mal haben wir in die Weinstube des Cafés Altreuter eingeladen. In dieser Weinstube, in einem kleinen Kellergewölbe, waren wir ganz unter uns. Inzwischen waren wir vierundzwanzig bis sechsundzwanzig Jahre alt. Auch zu diesem Treffen sind viele ehemalige Mitschülerinnen aus Nah und Fern unserer Einladung gefolgt. Es war interessant zu erfahren, wohin nun der Weg jeder einzelnen geführt hat. Was war aus allen geworden? Von einigen hatte man all die Jahre nichts mehr gehört und einige habe sich auf unsere Einladung hin auch gar nicht gemeldet. Egal, für die Anwesenden war es eine Freude, sich zu sehen.

Die Stabilisierung des eigenen Ichs jeder einzelnen Schülerin, hatte inzwischen schon ganz bestimmte Formen angenommen. Wir haben ja bei unseren Einladungen zu diesem Klassentreffen wieder alle Mitschülerinnen aus den Anfangsjahren angeschrieben, also auch die, die sich auf das Gymnasium, Handelschule oder Realschule verabschiedet hatten. Aus dem Gymnasium ist keine gekommen. Aber die Mädels, die in die Handelschule bzw. in die Realschule gewechselt haben, waren überwiegend genauso vertreten wie der Stamm der katholischen Mädchenvolksschule.

Jetzt konnte man erkennen, dass sich bereits Gruppen untereinander gebildet haben, die gemeinsam im Chor sangen oder eine Sportgruppe besuchten, die zu zweit oder mit mehreren etwas gemeinsam unternahmen oder eben einfach einen losen Kontakt pflegten. Auf jeden Fall bei den Mädels, die in Nördlingen geblieben waren. Zum Teil bestand ein Kontakt zu auswärtigen, ehemaligen Mitschülerinnen. Für uns war nach diesem Treffen ganz klar, dass wir spätestens, wenn wir alle dreißig Jahre alt sind, also im Jahr 1984, wieder zu einem Klassentreffen in Nördlingen zusammen kommen werden.

Man kann sich gar nicht vorstellen, wie schnell diese fünf Jahr vergangen sind. Brigitta und ich, immer noch ein in Freundschaft verbundenes Team, wir haben uns sehr auf die Vorbereitung unseres dritten Klassentreffens gefreut. Es sollte ja ein besonderes Treffen werden, schließlich sind wir jetzt alle dreißig Jahre alt.

Die Kinder-, Jugend- und Mädchenzeit gehörte nun endgültig der Vergangenheit an. Jetzt waren wir junge Frauen und standen langsam aber sicher mit beiden Beinen voll im Leben.

Ach wie waren wir neugierig auf unsere alten Schulkameradinnen. Mit vielen hat man ja losen Kontakt, indem man sich zufällig in der Stadt trifft und ein paar Worte oder Neuigkeiten austauscht. Eine gute Kontaktquelle war Rita, unsere Friseurin. Sie verstand ja inzwischen ihr Handwerk perfekt und viele von uns waren bei ihr Kunde. Sie war immer eine Anlaufstelle, über die man sehr viel erfahren hat, denn die beste Nachrichtenquelle ist und bleibt der Friseurbesuch. Und dann war da schon immer unsere mitteilsame Marianne (ihres Zeichens Nördlinger Tageblatt), sie weiß und wusste mehr als jede andere.

Noch eine weitere Anlaufstelle gab es. Das war die Reinigung von Sonja im Wemdinger Viertel. Der Hintereingang gehörte uns, zum Teil auch die kleine Kammer hinter der Verkaufsstelle. Da wurde schon mal die eine oder andere Flasche Sekt geköpft. Es ergab sich einfach so. Man traf sich bei Sonja, plauderte, rauchte, was das Zeug hielt und ging oft leicht angesäuselt, lachend und zufrieden wieder nachhause. So ein Ratsch ist eben doch „ein Stuhlgang für die Seele". Und das haben wir sichtlich oft gebraucht.

Wer wird kommen, fragten wir uns also 1984. Wie haben sie sich verändert, die Mädchen aus der kleinen Schülerbank? Und dann war es soweit. Wir haben für das dritte Klassentreffen als besonderen Rahmen das Hotel Schützenhof (damals First Class) in Nördlingen gewählt. Dort gab es ein sehr schönes, vornehmes Nebenzimmer. Die Tische waren elegant gedeckt und die edlen Stühle mit den hohen Stuhllehnen, das gesamte Ambiente, gaben diesem Klassentreffen einen gepflegten Rahmen.

Und tatsächlich, es kamen keine Mädchen mehr, es kamen junge Frauen, herausgeputzte junge Damen. Eine strahlte mehr als die andere. Ein gelungenes Treffen, denn viele der Ehemaligen haben daran teilgenommen. Nur eine hat gefehlt, der zweite Zwilling, sie quälte sich gerade mit der Schwangerschaft bzw. Geburt ihres zweiten Kindes. Wir haben an diesem Abend viel an sie gedacht, da ihre quirlige Persönlichkeit irgendwie gefehlt hat und wir vom anderen Zwilling wussten, dass es ihr nicht so besonders gut ging.

Eine große Überraschung an diesem Treffen war der Auftritt unserer Schulkollegin Johanna. Sie war beruflich mit achtzehn Jahren nach Wien gezogen und hat sich hart durchgekämpft. Sie hat es mit großem Fleiß und großer Einsatzbereitschaft, gemeinsam mit ihrem Mann Werner geschafft, sich geschäftlich sehr erfolgreich zu entwickeln. An diesem Abend hat sie uns davon erzählt und uns auch eröffnet, dass sie die Österreichische Staatsbürgerschaft aus geschäftlichen Gründen angenommen hat. Das hat uns alle sehr überrascht. Wir konnten sehen wie stolz und glücklich sie war. Uns war klar, sie ist eine Persönlichkeit, die erfolgreich in die Zukunft gehen wird.

Es waren viele Schulkolleginnen zu diesem Treffen gekommen und es war ein herrlicher, lockerer, fröhlicher Abend, der leider durch das Verhalten des Wirtes vom Hotel Schützenhof getrübt wurde. Man hat uns so quasi gegen 23:00 Uhr zu verstehen gegeben, dass es langsam Zeit für uns wird zu gehen, denn das Lokal will schließen. Doch auch dieser kleine Wehmutstropfen konnte unsere grandiose Stimmung nicht trüben. Wir haben im „Alten Hut" (Tanzlokal in Wallerstein) weitergefeiert mit der Vorfreude auf unser nächstes Treffen in wiederum fünf Jahren.

Wie man so schön sagt, wächst man ja mit seinen Aufgaben und so ging es auch Brigitta und mir. Inzwischen war es für alle selbstverständlich, dass von unserer Seite die Organisation der Klassentreffen oder was sonst noch so mit den ehemaligen Mitschülerinnen zu tun hat, erfolgt. Das war auch ok so, schließlich hatten wir immer noch einen sehr engen Kontakt. Gemeinsam machte es ja auch mehr Spaß, ein Treffen zu organisieren. Auch die Vorbereitungsarbeiten teilten sich, denn allein steht man doch oft ganz schön armselig da.

Für uns war schon nach dem letzten Treffen im Jahr 1984 klar, dass das nächste Treffen nicht nur an einem Abend in irgendeinem Lokal sein sollte, sondern dass wir ein kleines Programm zusammen stellen werden, damit die ganze Atmosphäre etwas lockerer gehalten wird. Wir haben also wieder in mühseliger Kleinarbeit die Adressenlisten überarbeitet, recherchiert, Anrufe getätigt bis endlich eine genaue Adressenliste nach dem neuesten Stand unter Dach und Fach war. Die Einladung ging auch dieses Mal an fast alle Mitschülerinnen aus den Anfangszeiten der Volksschule in Nah und Fern.

Und sie kamen wieder zahlreich, denn unsere vergangenen Klassentreffen haben doch Anklang gefunden. Jede war neugierig, was sich so bei den einzelnen inzwischen wieder getan hat. Unser Plan war es, bei diesem Treffen im Jahr 1989, einen kleinen Rundgang durch die Stadt Nördlingen zu machen. Viele von den Auswärtigen kamen doch sehr selten nach Nördlingen und selbst die Einheimischen machten sich unter der Zeit nicht die Mühe, sich an den alten und neuen Schönheiten der Heimatstadt zu erfreuen.

Zunächst haben wir uns nachmittags zu Kaffee und Kuchen im Café Altreuter getroffen und von dort aus sind wir dann je nach Lust und Laune zu einem Stadtrundgang aufgebrochen. Wer keine Lust dazu hatte, konnte sich weiterhin im Café aufhalten und sich dort an einem ausgiebigen Schwätzchen erfreuen. Für 18:30 Uhr war für alle Teilnehmer im Gasthaus zum Roten Ochsen das Nebenzimmer für ein gemeinsames Abendessen reserviert.

Und siehe da, unsere Idee mit dem Stadtrundgang und dem Treffen schon ab dem Nachmittag hat Früchte getragen. Jetzt war die ganze Gruppe schon nicht mehr so steif. Lachend und lärmend betraten wir den Roten Ochsen und saßen dort fröhlich plaudernd an einer großen gemeinsamen Tafel. Jetzt merkte man so richtig, das Eis war gebrochen. Dafür sorgten aber an diesem Abend auch unsere verrückten Zwillinge. Die hatten sich weder im Aussehen noch in ihrer Art verändert. Eine von Beiden ist abends im Roten Ochsen auf den Stuhl gestanden hat von dort ihre Anekdoten erzählt. Das war Gerlinde, die hatte sehr wohl einiges zu berichten, da sie ja beim letzten Klassentreffen kurz vor der Geburt ihres zweiten Kindes stand und im Hotel Schützenhof nicht dabei war. Sie erzählte uns einen lustigen Schwank von ihrem Aufenthalt in England. Da hat sie verzweifelt versucht, ihrem nur englisch verstehenden Hausvater mit ihren eigenen schwachen Englischkenntnissen zu erklären, dass sie mit Durchfall zu kämpfen hatte. Und zwar mit folgenden Worten.

„Sir, i must go to the Toilette, and i come back, and i must go and i come back – and again, and agin and again!"

Spätestens jetzt wussten wir alle wieder, ja das sind wir, wir sind angekommen und wir haben uns nicht verändert. Wir sind noch genauso quietsch fidel wie früher, wir verstehen uns immer noch gut, immer noch tut keine blöd oder meint, sie sei etwas Besonderes. Alle fühlten sich wohl in dieser tollen Gruppe, die einen mehr, die anderen weniger.

Was immer sehr schön war bei diesen Treffen, dass auch die Mitschülerinnen von auswärts stark vertreten waren. Sie kamen bis von Österreich und Johanna hatte aus Wien den weitesten Weg. Johanna war auch bei diesem Klassentreffen wieder für eine Überraschung gut. Sie machte uns den Vorschlag, nachdem sie ja nun schon so oft zu den Treffen nach Nördlingen gekommen war, wäre es angebracht, wenn wir alle zum nächsten Klassentreffen nach Wien kommen würden.

Sie hat uns an diesem Abend offiziell nach Wien eingeladen, wir sollten nur die Fahrt nach Wien organisieren, um alles andere würde sie sich kümmern. Das war natürlich eine tolle Idee, die von uns dankend aufgegriffen wurde. Vielleicht waren die einen oder anderen damals noch sehr skeptisch bei dem Gedanken Klassentreffen in Wien. Für Brigitta und mich aber war es klar, dass wir diese Idee ausbauen und umsetzen werden. Schließlich ist das ja mal was ganz Besonderes so eine „Klassenfahrt" nach Wien und vor allen Dingen für uns, denn wir sind ja auch was ganz Besonderes. Denn wer schon schafft es immer wieder im regelmäßigen Abstand von fünf Jahren ein Klassentreffen auf die Beine zu stellen, das zusätzlich auch noch von mal zu mal in seinem ganzen Ablauf besser und lockerer angenommen wird. Man konnte 1989 erstmals so richtig feststellen, dass sich hier immer mehr eine starke Gemeinschaft, trotz Entfernung und fünf Jahre Zwischenzeit, bildet.

Als wir uns spät abends trennten, wussten wir, das nächste Wiedersehen in fünf Jahren wird ein Jubiläumstreffen, denn schließlich werden die meisten in fünf Jahren, also 1994, alle vierzig Jahre alt und da bietet sich so eine Jubiläumsfahrt so richtig an.

Dieser Plan war tatsächlich in den nächsten fünf Jahren ein Thema. Egal ob bei Rita auf dem Friseurstuhl, bei einem

Plausch in der Stadt, bei Sonja in der Reinigung oder zwischen Brigitta und mir. Der Plan für die Reise nach Wien wurde von allen Seiten aufgegriffen. Wir haben frühzeitig im August 1993 mit dem Reisebüro Grimmer in Nördlingen Kontakt aufgenommen und einen Reise- und Kostenplan für diese Klassenfahrt erstellen lassen. Der Kostenplan war auch ein kleiner Knackpunkt. Für uns war es wichtig, dass alle Interessierten mitfahren können, egal ob der Geldbeutel gut oder schwach gefüllt ist. Entweder alle oder keine. Das war unsere Devise bei der Planung der ersten „Klassenfahrt". Dieser Slogan sollte uns auch in den nächsten vielen Jahren begleiten, bei allen Unternehmungen dieser tollen Klasse.

Alle oder keine, daran haben wir uns bei der Organisation gehalten, und wir haben es immer geschafft, dass unsere Reisen für jede erschwinglich waren.

Hurra, wir fahren nach Wien

Wir haben über das Reisebüro ein tolles Angebot bekommen für die Fahrt mit zwei Übernachtungen inclusive diverser Extras. Das Reiseangebot konnte sich sehen lassen.

Erster Tag: 4:00 Uhr ab Nördlingen – Augsburg – Autobahn München – Salzburg – Wien Ankunft gegen 12:00 Uhr, Gelegenheit zu einem gemeinsamen Mittagessen, Nachmittag Stadtbummel, Schopping in der Fußgängerzone, Kaffeetrinken im Hotel Sacher

Zweiter Tag: Große Stadtrundfahrt mit Führung, Kaisergruft, Schloss Schönbrunn, Belvedere, Hofburg, Burgtheater, Hundertwasserhaus, Häuser berühmter Komponisten in Wiener Vororten, Stift Kloster Neuburg, Dauer ca. sechs Stunden, abends Gelegenheit zum Heurigen in Grinzing.

Dritter Tag: Nach dem Frühstück Rückfahrt über Krems mit Weinprobe, durch die Wachau und Besichtigung des Klosters Melk über Linz, Salzburg, München Augsburg zurück nach Nördlingen

Und was ganz wichtig dabei war, Busfahrer und Bus waren nur für unsere Gruppe eingesetzt, die ganzen drei Tag. Wir mussten also auf niemanden Rücksicht nehmen.

Dieses Programm haben wir mit einem netten Einladungsschreiben an alle ehemaligen Mitschülerinnen geschickt.

Es war für die Organisatorinnen gar nicht so einfach, nun alles unter einen Hut zu bringen. Es ist ja nicht damit getan, da mal einfach eine Einladung zum „Klassentreffen" zu schicken. Diesmal war der Aufwand für die Organisation schon etwas umfangreicher als sonst. Es gingen diverse Schreiben bzw. Antwortschreiben hin und her und unzählige Anrufe zwischendurch mussten noch getätigt werden. Sei es mit dem Reisebüro oder mit Johanna in Wien, aber auch Abklärungen mit den einzelnen Schulkolleginnen standen an. Aber egal, wir waren ja zu zweit, was die eine nicht wusste oder nicht abklären konnte, wurde von der anderen übernommen. Und es hat auch Spaß gemacht. Nicht umsonst heißt es: „Vorfreude ist die schönste Freude! Bzw. geteilte Freude ist doppelte Freude."

Der Rückmeldestichtag war der 10. September 1993. Gespannt haben Brigitta und ich auf die Resonanz der einzelnen Ehemaligen gewartet. Was wird sich tun? Wie stark ist jetzt nach fünf Jahren noch das Interesse? Wird die Reise

Hallo Brigitte...

Ich hatte mich schon so gefreut, als ich vom Klassentreffen in Wien gehört habe. Die Idee war ganz toll. Nun ist es soweit und ich bin enttäuscht. Ich kann leider nicht. Zur gleichen Zeit bin ich zur Kur fort.

Es grüßt Dich u. Petra
Deine enttäuschte Dorothea

3.9.9

Ich finde die Idee ganz toll, bin mit dabei.

Viele Grüße
Anneliese Esser

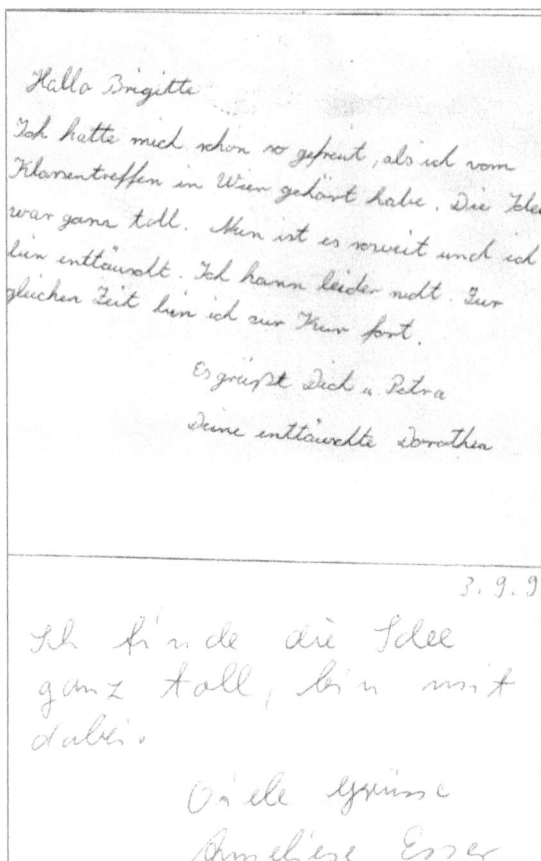

überhaupt zustande kommen oder war das Thema Wien schon lange in Vergessenheit geraten? Die Reaktionen waren enorm. Wir haben viele nette Antwortkarten aus Nah und Fern erhalten und am Ende standen neunzehn Teilnehmerinnen auf der Anmeldeliste.

Mit Johanna in Wien haben wir die Details geklärt, sie ergänzte das Rahmenprogramm noch mit Ihrem persönlichen Einladungsprogramm. Somit entstand daraus ein herrlicher Plan für drei Tage in Wien.

Es waren, wie in bei den vergangenen Treffen, fast wieder die gleichen Teilnehmerinnen, die sich angemeldet haben. Davon waren die meisten aus der Volksschule und ein kleiner Teil von denen, die in die Realschule wechselten und ein kleiner Teil der Revoluzzer, die in die Handelschule abgewandert waren. Davon auch einige von auswärts. Für sie war das alles ja mit noch mehr Aufwand verbunden, denn schließlich mussten sie schon am Abend vorher anreisen.

Auch nach unserer Rückkehr am Sonntag spät abends noch einen Tag daran hängen. Alles nicht so leicht, denn alle waren entweder berufstätig oder hatten eine Familie oder Kinder zu versorgen. Aber es ging. Alles hat bestens geklappt. Im Laufe der Jahre wird sich zeigen, dass speziell diese erste gemeinsame „große" Fahrt eine Gruppe ins Leben gerufen hat, die, mit kleinen Ausnahmen und Abwandlungen, viele schöne gemeinsame Unternehmungen und Reisen auch in Zukunft erleben wird. Die Anmeldungen lagen also auf dem Tisch, die Zahlungen wurden direkt über das Reisebüro abgewickelt, jede erhielt ihre Bestätigung und jetzt mussten wir nur noch auf den 13. Mai 1994 warten.

Doch was ist schon Zeit, sie verging so schnell und endlich war es soweit. Wir starteten am „berühmten" Freitag den 13. Mai um 4:00 Uhr am Busbahnhof in Nördlingen.

Obwohl alles gut organisiert war und auch die einen oder anderen Kontakte inzwischen durch einzelne Telefonate oder Schreiben entstanden sind, war doch eine Anspannung bei Brigitta und mir zu spüren. Schließlich hatten wir uns zum Teil fünf Jahre nicht mehr gesehen, denn auch die von Nördlingen stecken ja nicht immer zusammen. Auch da bestanden nur bedingt Kontakte oder man traf sich durch Zufall. Wie also wird das jetzt werden so am frühen Morgen nach fünf Jahren?

Brigitta und mir war es schon etwas flau im Magen. Aber unsere Bedenken waren umsonst. Das Eintreffen der Teilnehmerinnen am Busbahnhof in Nördlingen signalisierte eine fröhliche Reise. Die Mädels waren alle super drauf, und es war ein Hallo auf allen Seiten. Ein Schnattern und ein Kichern, ein Küssen und ein Drücken, so wie in alten Zeiten,

so als würden wir immer noch täglich gemeinsam die Schulbank drücken.

Die Männer, die ihre Frauen an den Busbahnhof gebracht haben, waren total überflüssig und kamen sich in dieser Runde ganz schnell sehr verloren vor. Aber was bedeuteten uns in diesem Moment auch schon Männer. Wir waren doch wir, eine streng klösterlich erzogene katholische Mädchenklasse. Wir sahen in diesem Augenblick nur noch uns und die Augen leuchteten, alle lachten, und die Gesichter strahlten Erleichterung und Zufriedenheit aus. Alle Anspannung war weg und wir wussten, das wird jetzt unsere Fahrt, das werden unsere Tage und wir werden sie genießen.

Der Bus mit Fahrer stand auch in Wien zu unserer Verfügung und was das Schönste war, der Bus war nur allein für uns. Es war ein kleiner Bus mit zwanzig Plätzen. Wir mussten uns keiner größeren Reisegruppe anschließen, sondern der Bus mit Fahrer war nur für uns da.

Der Busfahrer blickte zunächst ganz schön skeptisch in die Runde und wird sich beim Eintreffen dieser Gruppe, das dem Überfall eines Bienenschwarmes glich, mit Sicherheit erst mal seinen Teil gedacht haben. Das hat sich aber im Laufe der Fahrt ganz schnell geändert. Er war in gewisser Form unser eigner Bodyguard und schon bald so stark integriert, dass er in diesen drei Tagen immer an unserer Seite war und diese lustigen und fröhlichen Gemeinsamkeiten mit uns regelrecht genossen hat.

Bei uns an Bord befand sich noch ein Ehrengast. Das war die Mutter von Johanna aus Wien. Sie nutzte die Gelegenheit, um die Tochter zu besuchen, bzw. um in diesen Tagen die Tochter von Johanna zu betreuen, damit sich Johanna voll ihren Gästen widmen konnte.

Wer sich gedacht hat, dass man sich jetzt im Bus erst einmal gemütlich zurücklehnt um noch einen kleinen Morgenschlaf einzulegen, der war falsch gewickelt. Die Gruppe startete durch, und zwar von dem Moment an, als der Busfahrer die Türen schloss und den ersten Gang einlegte. Jetzt endlich waren wir unter uns „Pastorentöchter" und es gab kein Halten mehr.

Brigitta und ich hatten ein schönes Rahmenprogramm vorbereitet, gemeinsam mit der Unterstützung von Johanna, die ja das Programm für Wien in die Hand genommen hat. Wir waren aber auch sehr überrascht, dass sich doch fast

jede der Teilnehmerinnen etwas Nettes hat einfallen lassen. Einige haben mit lustigen Einlagen oder spannenden Erzählungen aus der Schulzeit oder der persönlichen Vergangenheit intensiv zur gesamten Unterhaltung beigetragen. Man hörte nur noch die Sätze: „Weißt du noch das und kannst du dich noch an jenes erinnern!" Ja wir konnten uns erinnern und wir wollten uns erinnern. Wir wollten einfach ausgelassen und fröhlich sein, und das waren wir auch rundum ohne Ausnahme. Die Gerlinde und Marianne, Margot und Sonja, Anneliese und Heidi, Rita und Karin, Brigitta und Elisabeth, Angela und Gudrun, Inge und Petra, Ute und Hedwig, Monika und Ute, Rita und die Claudia.

Die Stimmungskanone Gerlinde ergriff gleich zu Beginn der Fahrt das Mikrofon und brachte die Mädels mit ihren humorvollen Einlagen so richtig in Schwung. Ab dem Erinnerungshit „Donna, Donna geh nach Haus" war dann nur noch Lachen angesagt. Einige hatten Bilder aus der Schulzeit dabei, andere das Poesiealbum, aus dem dann die einzelnen Verse vorgelesen wurden. Witze zu erzählen gab es ohne Ende.

Ich berichtete von einer Anekdote aus der Schulzeit, in der ich immer zu Späßen und albernem Gelächter bereit war, vor allen Dingen in Handarbeit. Frau Wysofski konnte das nicht gut nachvollziehen. Und während eines solchen albernen Unterrichts ist unsere Mitschülerin Anneliese aufgestanden und hat folgenden Satz zum Besten gegeben: „ Meine Oma sagt immer – am Lachen erkennt man den Narren." Auch wir haben jetzt alle darüber gelacht. Doch meine Erzählung und unser Gelächter im Bus war wohl ein Fehler. Unsere Mitschülerin Anneliese hat mir diese Erzählung und uns allen das Lachen so übel genommen, dass sie total den Kontakt zu uns abgebrochen hat, nie mehr zu einem Klassentreffen, geschweige denn zu einer Klassenfahrt gekommen ist. Sie hat sich im Nachhinein bitter über meine Erzählung beschwert. Nur ich persönlich kann nichts Verwerfliches daran finden, im Gegenteil, ich lache heute noch darüber, bedauere es aber auch, dass es Menschen gibt, die tatsächlich nichts zu Lachen haben. Allerdings kann ich gut damit umgehen. Im weiteren Verlauf der Fahrt berichtete jede etwas aus den vergangenen fünf Jahren bzw. was sich so überhaupt getan hat, seit Ende der Schulzeit.

Brigitta und ich hatten auch für das leibliche Wohl etwas vorbereitet. Es gab Butterbrezen, und mit einem Glas Sekt wurde auf die Fahrt angestoßen.

Etwas Kopfzerbrechen bereitete uns allerdings unser Busfahrer Hermann. Er wirkte sehr müde und manchmal waren wir drauf und dran, selbst das Steuer in die Hand zu nehmen, da seine unsichere Fahrweise zum Teil beängstigend war. Aber er hat es mit vielen Pausen dann doch ganz gut geschafft, gegen Mittag Wien ohne Zwischenfälle zu erreichen.

Johanna hat uns in ihrem Zuhause einen wunderschönen Empfang bereitet und uns mit Wiener Spezialitäten verwöhnt. Nach einer kleinen Betriebsbesichtigung hat uns unser Busfahrer Hermann wohlbehalten im Hotel abgesetzt. Es blieb uns nicht viel Zeit. Wir stellten nur das Gepäck ab und schon waren wir wieder zum Abmarsch bereit in die schöne Innenstadt von Wien. Wir bummelten durch die Fußgänger- zone, machten kleine Einkäufe, tranken Kaffee im Hotel Sa- cher oder relaxten einfach in einem der schönen Straßenca- fés von Wien.

Endlich im Hotel angekommen war natürlich sofort wie- der Ramba Zamba angesagt. Wir wohnten alle auf einem Stockwerk und innerhalb von einer Minute hatten wir die- ses Stockwerk voll in unserer Hand. Die Zimmertüren blie- ben meist geöffnet und es war ein hin und her und raus und rein wie in einem Taubenschlag. (Na ja, wir sind ja auch be- sondere Täubchen). Auch wenn wir nicht viel Zeit hatten, für einen Umtrunk oder eine Zigarette war immer genug Zeit da. In jedem Zimmer gab es was anderes und der meist frequentierte Raum war das Zimmer unserer Friseurin Rita. Die hatte alle Hände voll zu tun, um an den Köpfen der Mädels noch irgendetwas zu verschönern. Wir lagen zu dritt und zu viert in den Betten, reckten die Beine in die Höhe, rauchten, tranken und waren so richtig albern und ausgelassen. Und vor allen Dingen, es war auf diesem Stockwerk nicht ruhig. Wenn wir da waren, dann war dort was geboten. Wie herrlich ungezwungen das alles noch war. Kaum Ge- oder Verbote was das Rauchen und den Alkohol- konsum anbelangte.

Am Abend hatte Johanna für uns schöne Räumlichkeiten in einem urigen Lokal reserviert und ein gepflegtes Abend- essen und gemütliches Beisammensein rundete unseren ers- ten Tag in Wien ab.

Am nächsten Morgen, nach einer sehr kurzen Nacht, freuten wir uns. Herrlich, wir waren in Wien. Die ersten

Zimmertüren standen schon wieder offen und von allen Seiten erklang ein fröhliches „guten Morgen"! Die ersten Zigaretten wurden geraucht. Ach wie war das damals alles locker. Es gab noch kein gesetzliches Rauchverbot, jede rauchte mit, egal wann und wo, keiner war bei den Gesundheitsaposteln, jede trank gern mal ein Gläschen und albern waren wir ja von Haus aus. Schon das gemeinsame Frühstück war ein Genuss. Im Frühstücksraum war unsere Gruppe herausragend. Überall ein Gelächter, und die Lippen bewegten sich ununterbrochen. Nicht nur wegen des Essens, sondern wegen der Ratscherei. Schließlich musste doch der vergangene Tag und Abend noch mal durchgekaut werden, und auch der Plan für heute wurde ausgiebig diskutiert. Dazwischen meckerten wir gewaltig über das Frühstück, denn den Vogel hat es uns nicht rausgehauen. Wir waren zwar nicht verwöhnt, aber a bissle besser hätte es schon sein können.

Doch was wollten wir eigentlich Großes erwarten? Schließlich waren wir nicht im Interconti abgestiegen und erzogen waren wir zur Demut. Unser Benehmen war also nicht gerade passend für unsere klösterliche Erziehung. Sicher kam unser Verhalten davon, weil wir total aufgedreht und übermütig waren. Die Besichtigungsfahrt und die Führung durch die schöne Stadt Wien hat uns aber wieder für alles entschädigt.

Unser Busfahrer Hermann holte uns pünktlich zur Stadtrundfahrt ab. Eine reizende Fremdenführerin war vom Reisebüro engagiert und begleitete uns auf der ausführlichen und interessanten Stadtbesichtigung. Ihre Erzählungen gaben uns einen breiten Einblick in die Schönheiten der Stadt Wien. Wir besichtigten die Kaisergruft, das Schloss Schönbrunn, Belvedere, Hofburg, Burgtheater, das Hunderwasserhaus, Stift Kloster Neuburg, die Vororte von Wien mit den Häusern berühmter Komponisten. Den Abschluss bildete eine Fahrt in den Prater. Hier konnten wir bummeln, die Seele baumeln lassen und die ersten Frühlingsstrahlen genießen. Rechtzeitig waren wir zurück im Hotel, um uns für einen Ausflug zum Heurigen in Grinzing aufzupeppen.

Jetzt hatte Rita alle Hände voll zu tun. Die eine will geföhnt, die andere geschminkt werden, alles in Kombination mit Zigarette und Sekt. Ihr Meisterstück aber war, als sie aus einem „hässlichen Entlein" einen „stolzen Schwan" zauberte. Gerlinde wurde so geil gestylt, dass sie das damalige Frisurenoutfit der Punkfürstin Gloria von Thurn und Taxis in den Schatten stellte.

Hermann konnte sich also mit uns in Grinzing sehen lassen. Die Mädels strahlten Klasse aus. Voll daneben getappt sind in Grinzing der „Fürstin Gloria-Ersatz" Gerlinde und ihr Zwilling Marianne. Da bestellen sich doch diese Kulturbanausen in Grinzing einen schwarzen Tee mit Milch. Da ist doch sogar vor lauter Schrecke die neue geile Frisur zusammengefallen und das toll geschminkte Gesicht hat vor Entsetzen die Mundwinkel verzogen. Tee in Grinzing, das kann doch wohl nicht sein! Aber so sind sie eben, die Zwillinge, immer für eine Überraschung gut. Nach einem feuchtfröhlichen Abend unter dem Motto: „ Wer nicht liebt Wein, Weib und Gesang – der spart sei Geld und schont sei Stang," sind wir nur noch todmüde ins Bett gefallen.

Für den dritten Tag war schon wieder unsere Heimreise ange-sagt. Gleich nach dem Frühstück haben wir uns von Johanna mit einem herzlichen Dankeschön für die schönen Tage in Wien verabschiedet.

Die Rückfahrt ging über durch die Wachau über Krems und Melk. Und was bietet die Wachau, ganz klar, eine zünftige Weinprobe mit allem, was dazugehört. Wir Mädels verschwanden in den Tiefen der Kellergewölbe und sprachen genussvoll den herrlichen Weinsorten zu. Besonders unserer Monika hat es dieser goldene Wein angetan. Prima für uns, wir mussten ja nicht fahren und bei unserem Hermann waren wir gut aufgehoben, denn der war inzwischen ausgeschlafen.

Nach der Klosterbesichtigung in Melk ging dann die Heimfahrt weiter über Linz, Salzburg, München Augsburg nach Nördlingen. Nach kleinen Pausen und Zwischenstopps sind wir gegen 22:00 Uhr wieder gut in Nördlingen angekommen. Bei der Verabschiedung schnatterten alle wie die Gänse durcheinander. Es war eine Verabschiedung mit einem lachenden und einem weinenden Auge. Auf jeden Fall aber mit dem Versprechen, künftig alle 10 Jahre eine

147

ähnliche Fahrt über drei Tage zu planen und zu unternehmen.

Brigitta und ich waren zufrieden. Es war eine gelungene Reise und wir waren uns ganz sicher, dass wir in fünf Jahren wieder das nächste Klassentreffen, dann aber in Nördlingen, vorbereiten werden.

Klassentreffen in Nördlingen

Die Zeit verging wie im Flug und ehe wir uns umschauten, waren wir schon wieder am planen. Das Klassentreffen für das Jahr 1999 stand vor der Tür. Es sollte natürlich wieder etwas Ausgefallenes sein. Da fiel uns ein, dass wir dieses Mal eine Reise in die Vergangenheit anbieten könnten. Wir wiederholen den Abschlussausflug der ersten Klasse Volksschule. Damals sind wir mit dem Zug von Nördlingen nach Harburg gefahren, dann zur Burg gelaufen, und von da aus weiter nach Eisbrunn in die Waldschenke. Das war vor neununddreißig Jahren. Inzwischen sind wir alle ca. fünfundvierzig Jahre alt, und die einen oder anderen fußlahmen Damen können und wollen diesen Marsch mit Sicherheit nicht machen.

Also gut, dann wird eben etwas umgeplant und schon bald stand die schöne „Reise in die Vergangenheit" auf dem Plan. Der Bus holte uns also am 9.10.1999 um 13:00 Uhr am Brettermarkt in Nördlingen ab. Wir hatten einen lustigen Führer an Bord, der mit uns durch das Ries fuhr und uns die Schönheiten unserer Heimat präsentierte und erklärte. Vieles war bekannt, aber auch vieles schon nicht mehr in der Erinnerung bzw. ganz neue Erkenntnisse konnten bei dieser Fahrt bzw. Führung gesammelt werden.

Schön war es, mit dem Bus durch das herbstliche Ries zu schaukeln. Das Wetter spielte mit und somit war es eine wahre Freude, einmal die Stätten unserer Heimat, Kinder- und Jugendzeit zu sehen, für die man sich bisher eigentlich noch nie so richtig Zeit genommen hat.

Wir verweilten in der schönen Kirche in Mönchsdeggingen und konnten da so richtig unseren Gedanken nachgehen. Wir besuchten das Karthäusertal, Christgarten mit dem Karlshof und viele andere Schönheiten des Rieses und fuhren dann weiter nach Harburg. Dort war für uns eine Burgbesichtigung vorgesehen. Und jetzt kam sie wieder die Erinnerung an unsere Schulzeit. An unseren erster gemeinsamen Schulausflug, der ja damals für uns sechs bis siebenjährige Mädchen etwas ganz aufregendes war. Das Verlies auf der Burg, das so tief unten im Turm zu besichtigen war, die Folterkammer und der Kerker.

Als man dann anschließend in der Burggaststätte bei Kaffee und Kuchen zusammen saß, da kam schon auch etwas Wehmut auf in der Erinnerung an die Zeit! Wo ist sie geblieben, was war alles los in den achtunddreißig Jahren? Schnell waren diese Gedanken aber vergessen. Unser lustiger Haufen hatte unter fröhlichem Gelächter viel zu berichten, bis uns dann am Abend der Bus wieder nach Nördlingen zurückbrachte. Dort waren wir gegen 19:00 Uhr im Rotochsen Keller, auf der Marienhöhe, zum gemeinsamen Abendessen verabredet. Speziell war das für die ehemaligen Mitschülerinnen gedacht, die aus irgendwelchen Gründen an der „Reise in die Vergangenheit" nicht teilnehmen konnten. Ein gelungener Abend, wenn man von dem Ärger absieht, den man mit dem Wirt hatte, was die Speisen anbelangte.

An diesem Abend wurden schon wieder Pläne aufgestellt für unser nächstes Klassentreffen in fünf Jahren. Das war für das Jahr 2004 vorgesehen. Wie in Wien vereinbart, sollte es 2004 nicht nur zu einem Klassentreffen kommen, sondern wieder zu einer Klassenfahrt. Denn in diesem Jahr sind wir fast alle fünfzig Jahre alt, und es war ja geplant, jedes Jahr, wenn wir „Nullen", dann gibt es eine größere Fahrt. Vorschläge konnten an diesem Abend eingebracht werden, wohin denn die Reise gehen soll. Nachdem Berlin ja statt Bonn die neue Bundeshauptstadt geworden war, fiel die Entscheidung auf Berlin. Wir wollten gemeinsam die neue Bundeshauptstadt kennen lernen, unsicher machen und mit unserer Fröhlichkeit beglücken. Noch lange saßen wir an diesem Abend zusammen. Man trennte sich in der Vorfreude auf Berlin in fünf Jahren.

Der Tod hielt Einzug

Nicht immer läuft alles nur lustig und zufrieden. In fünf Jahren kann sich viel ändern oder ereignen. Das bekamen auch wir zu spüren. Plötzlich machte eine schlechte Nachricht die Runde.

Bei einer ehemaligen Mitschülerin, die schon seit Jahren an Brustkrebs erkrankt war, hatte sich die Krankheit verschlechtert. Obwohl solche Erkrankungen weltweit an der Tagesordnung sind, war diese Nachricht für uns doch sehr prägend. Schließlich betraf es eine Mitschülerin aus unserer Reihe, und das machte uns sehr nachdenklich.

Die Jahre waren vergangen, Edeltraud hatte zwar nie an unseren Klassentreffen teilgenommen, sie hat sich mehr auf die Klasse der Handelschule konzentriert, aber in einer

Kleinstadt wie Nördlingen lief man sich doch immer mal über den Weg. Man sah sich bei Veranstaltungen oder im Freibad., auf dem Markt oder beim Einkauf. Mit ihrer offenen und fröhlichen Art, die sich Edeltraud über die Schulzeit hinaus beibehalten hatte, war es immer möglich, einen netten Plausch mit ihr zu halten. Die Schwere der Krankheit und das Auf und Ab blieben in all den Jahren nicht verborgen.

Und eines Tages konnte man die unfassbare Nachricht schwarz auf weiß in der Tageszeitung lesen. Edeltraud war gestorben. Der erste Platz in der kleinen Schülerbank war leer. Sie hat den Kampf gegen ihre schwere Krankheit am .28. Juli 2002 verloren. Einige Tage später war die Trauerfeier und Beisetzung auf dem Friedhof in Nördlingen.

Brigitta und ich informierten in einer schnellen Aktion die Ehemaligen, und wir haben uns in einer kleinen Gruppe auf dem Friedhof getroffen, um Abschied von Edeltraud zu nehmen. Aber nicht nur die katholische Mädchenvolksschule war vertreten, auch die Schulkollegen aus der Handelschule waren in einer großen Zahl anwesend. Edeltraud war schon in der Schule sehr beliebt, und das hat sich in ihrem Leben auch fortgesetzt. Entsprechend groß war die Beteiligung von Freunden, Bekannten und Verwandten an der Trauerfeier. So groß, dass auf dem Friedhof die kleine Kirche St. Emmeran die Vielzahl der Menschen gar nicht aufnehmen konnte.

Wir standen also in unserer Gruppe außerhalb der Kirche und konnten über Lautsprecher die Trauerfeier verfolgen. Als zum Abschluss ein Lied von Paul Mccartney ertönte, da war sie dann wieder da, die Erinnerung an die kleine Schülerbank, an unsere Jugendzeit, die geprägt war vom Umschwung der achtundsechziger Bewegung und deren wilden Musik. Sie stand wieder vor unseren Augen, die Zeit von Flower Power, Rolling Stones, Beatles und dem Lied „Give Peace a Chance". Wir dachten an unsere strenge, klösterliche Erziehung, an unsere Streiche und die vielen kleinen und großen Gemeinsamkeiten und Jugendsünden. Alles war wieder präsent. Die Kinderfaschings-Nachmittage bei Edeltraud, unsere Jugendgruppe, die erste große Liebe. Schließlich war Edeltraud eine derjenigen, die ihre Schulbankliebe geheiratet hat. Gerade deshalb galt auch unser tiefstes Mitgefühl ihrem Mann Steffen, der ja auch mit uns auf der kleinen Schülerbank in der Handelschule saß. Aber auch der ganzen Familie und den Kindern. Schließlich hatten auch wir alle Kinder in diesem Alter. Ein dicker Kloß steckte in unserem Hals. Viele, viele Dinge und Erinnerungen gingen durch unsere Köpfe und vielfach auch die Frage nach dem **Warum**? Doch hat uns auch unsere klösterliche Erziehung gelehrt, kein Fragezeichen zu setzen, wo Gott bereits den Punkt gesetzt hat.

Und so saßen wir dann an diesem heißen Sommernachmittag im Anschluss an die Beisetzung im Biergarten des Sonnenkellers auf der Marienhöhe. Eine kleine Gruppe Ehemaliger mit bleichen Gesichtern und Tränen in den Augen. Wir waren sehr ruhig, was eigentlich nicht unserem Naturell entsprach. Der Anlass unseres gemeinsamen Beisammenseins ließ keine Fröhlichkeit aufkommen. Aber eine Idee wurde an diesem Tag geboren. Die Idee, einen Klassenstammtisch ins Leben zu rufen, denn uns wurde bewusst, der Tod kennt keine Zeit, kein Alter und keine Grenzen.

Der Klassenstammtisch und
Vorbereitungen für Berlin

Wir waren jetzt alle achtundvierzig und seit über dreißig Jahren aus der Schule entlassen. Wo sind sie geblieben diese mehr als dreißig Jahre, wie oft hat man sich gesehen oder Zeit füreinander gehabt? Wenn wir uns weiterhin nur alle fünf Jahre zu einem Klassentreffen zusammenfinden, dann können wir uns ausrechnen, wie oft das noch sein wird. Zwei- vier- oder sechs mal? Man wusste es nicht, aber es gab zu denken.

Das waren unsere Gedanken und darüber haben wir gesprochen nach der Beerdigung von Edeltraud. Wir haben vereinbart, in Nördlingen ein schönes Lokal zu suchen, in dem wir uns künftig regelmäßig, ungezwungen und je nach Lust und Laune zu einem netten Abend und einem ausgiebigen Ratsch zusammenfinden. Wir werden alle Ehemaligen von Nah und Fern darüber in Kenntnis setzen, wann und wo dieser Treffpunkt ist und jede kann dann, wenn es ihre Zeit erlaubt, dazukommen.

Die Auswärtigen können bei Interesse ihre Besuche in der alten Heimat so legen, dass sie auch einmal zum Klassenstammtisch kommen können. Die Idee in dieser Runde hat in den nächsten Wochen Formen angenommen. Und als wir uns im September beim Italiener in der Löpsinger Strasse in Nördlingen getroffen haben, stand alles fest. Als Treffpunkt wurde das Lokal Jäger-Stüble bei Ingrid in Nördlingen in der Münzgasse festgelegt. Jeweils am ersten Freitag im ungeraden Montag um 19:00 Uhr sollte das Treffen stattfinden. Die meisten von uns kannten die Wirtin, es gab dort ein schönes Nebenzimmer, gutes Essen. Alles war alteingesessen, gut bürgerlich, und irgendwie passte das zu uns. Schließlich waren wir ja inzwischen auch schon "irgendwie so alteingesessen und gut bürgerlich".

Ich glaube, keine von uns hat an diesem Abend damit gerechnet, dass sich dieser Klassenstammtisch in unser Leben so stark integriert, ähnlich wie ein gesetzlich, festgelegter Feiertag.

Innerhalb kurzer Zeit waren alle Ehemaligen per Rundbrief informiert und so trafen wir uns dann erstmals zum Klassenstammtisch am Freitag, den 8. November 2002 bei Ingrid im Jägerstüble. Wir waren eine große, fröhliche Runde und manchmal konnte man gar nichts mehr verstehen, so laut war das Geschnatter. Die Wirtin bekam gleich den richtigen Eindruck, was da künftig auf sie zukommt.

Alles ging nun seinen „sozialistischen Gang". Der Klassenstammtisch war ein fester Bestandteil geworden und mit jedem Treffen rückten wir näher zusammen und wurden vertrauter. Jetzt wurden natürlich viele Pläne geschmiedet wie und wo und was wir alles noch auf die Füße stellen oder unternehmen können. Zunächst stand die Planung der Drei-Tages-Reise nach Berlin auf unserem Programm. Schließlich wurde das 1999 beim letzten Klassentreffen so vereinbart. Rechtzeitig wurde ein tolles Programm entworfen und geplant. Allerdings nicht allgemein mit dem Stammtisch, sondern nur von dem, ja nennen wir es einfach einmal Vergnügungsausschuss, denn schließlich waren für die Fahrt einige Überraschungen vorgesehen und die sollten nicht am Stammtisch schon breitgetreten werden.

Ursprünglich waren in der Vergangenheit immer Brigitta und ich der Antriebsmotor bei allen Vorhaben der Ehemaligen bzw. jetzt des Klassenstammtisches. Für die Planung der Reise nach Berlin haben wir jetzt aber auch noch den Vergnügungsausschuss aktiviert und mit in die Vorbereitungen einbezogen. Das ergab sich einfach daraus, dass sich inzwischen aus dem Klassenstammtisch privat Freundschaften entwickelt haben und man hat erkannt, dass da bei anderen auch viel Potential und Ideen vorhanden waren, die man mit umsetzen bzw. in unsere Pläne integrieren konnte. Und vor allen Dingen, warum sollen diese Vorbereitungen immer nur von zwei Personen getroffen werden? Geteilte Vorfreude ist schließlich doppelte Freude und geteilte Arbeit ist halbe Arbeit.

So kam es also, dass sich die lustigen Zwillinge mit eingeklinkt haben. Ihre fröhliche leichte Ader hat sehr zum Gelingen der Berlinfahrt bzw. der Vorbereitungen beigetragen. Ein kleiner Wehmutstropfen aber begleitete diese geplante Reise. Meine liebe Freundin konnte nicht mit nach Berlin. Gerade zu diesem Zeitpunkt war eine Familienfeier angesagt, der sie nicht fernbleiben konnte. Demnach konnte auch ihre Schwester Elisabeth nicht mitfahren. Aber den Reisetermin nach allen richten geht eben nicht. Irgendeinen trifft es immer. Außerdem lag für diesen Zeitraum ein wahnsinnig günstiges Reiseangebot vor. Obwohl wir schon sehr darauf bedacht waren, dass es für alle stimmig ist, klappte es nicht immer. Gemeinsam habe ich mit Brigitta die Vorbereitungen getroffen und die zusätzlichen Helferlein haben uns bei den Vorbereitungen ebenso tatkräftig unterstützt.

Es sollte ja eine Jubiläumsreise werden. Schließlich waren oder wurden wir in diesem Jahr alle fünfzig Jahre alt. Vor vierundvierzig Jahren wurden wir eingeschult, seit dreißig

Jahren finden unsere Klassentreffen regelmäßig statt und vor zehn Jahren haben wir unsere erste gemeinsame Klassenfahrt nach Wien unternommen. Und in diesen Jahren, vor allen Dingen in den vergangenen zehn Jahren hat sich auch sehr viel ereignet. Darum sollte auch das gesamte Programm etwas Schönes sein, auch weil wir eine ganz besondere Gruppe sind.

Schnell waren wir uns mit dem Vergnügungsausschuss einig und der Plan stand fest. Irgendwie freuten wir uns so richtig diebisch, wie kleine Kinder auf die Gesichter unserer Ehemaligen, wenn wir mit diesem Programm aufwarten.

Super, wir reisen nach Berlin

Dieses Mal ging alles viel schneller, als bei den Vorbereitungen und Einladungen nach Wien. Durch unseren Stammtisch konnte viel vor Ort geklärt werden. Die Anzahl der Teilnehmer stand ganz schnell fest, die Zu- bzw. Absagen kamen pünktlich und so konnte dann am 20. Mai 2004 eine nette Gruppe mit dem Busunternehmen Osterrieder nach Berlin starten.

Eine etwas bittere Pille allerdings mussten wir schlucken. Dieses Mal gehörte der Bus nicht uns ganz allein. Angeblich sollten noch andere Reisende mitfahren. Ein Bus nur für uns allein wäre zu teuer geworden, denn schließlich wollen wir ja, dass alle bzw. jede, die daran interessiert ist, sich diese Fahrt auch leisten kann. Aber wir sind ja sehr flexibel und wir kennen uns zu Genüge. Uns war klar, dass der Bus, egal in welcher Besetzung, ganz schnell in unserer Hand sein wird.

Und so war es dann auch. Es waren nur vier fremde Mitreisende dabei, die sich irgendwo in den hinteren Reihen niedergelassen haben. Der vordere Teil des Busses war unser Bereich, schließlich wäre diese Fahrt ohne uns gar nicht zustande gekommen.

Besonders neugierig war die ganze Gruppe auf eine Teilnehmerin, nämlich auf die Christa, ihres Zeichens „Laubfrosch". Wir hatten sie seit vielen Jahren nicht mehr gesehen und auch nichts mehr von ihr gehört. Umso erfreuter waren wir, dass sie sich zur Fahrt nach Berlin angemeldet hatte. Ihr Auftritt war grandios, erwarteten wir doch eine kleine zerzauste Maus mit langen dünnen Haaren und hellwachen lustigen Augen.

Holla die Waldfee konnte man bei ihrem Eintreffen am frühen Morgen am Busbahnhof da nur sagen. Eine pfiffige Lady im kurzen schwarzen Rock, tolle Figur, flotter Kurzhaarschnitt, da blieb uns ja fast die Luft weg! Man lag sich ganz schnell in den Armen und es war so, als wären gar nicht so viele Jahre vergangen. Die Chemie stimmte sofort wieder. Vor allen Dingen die ehemalige Banknachbarin Gerlinde knüpfte umgehend einen engen Kontakt.

Eine große Überraschung erwartete uns ebenfalls am Busbahnhof. Das waren Brigitta und Elisabeth, die beiden Hansel-Mädels, die wegen Familienfeier nicht mitreisen konnten. Sie hatten für jeden von uns Leckereien als Proviant gebacken, wollten sich von uns verabschieden und uns eine gute Reise wünschen. Das fanden wir natürlich super. Bei dem Gedanken an das Naschwerk lief uns schon zu Beginn der Fahrt das Wasser im Mund zusammen.

Dass unsere beiden Hansel-Mädels nicht mit von der Partie waren, haben wir sehr bedauert. Brigitta war schließlich aktiv in den Vorbereitungen involviert. Aber man kann eben nur auf einer Hochzeit tanzen.

Jetzt stand der Abfahrt nichts mehr im Weg und endlich ging die Reise los.

Unser Fahrer Christian stellte sich gleich zu Beginn vor und gab uns Hinweise zum Reiseverlauf. Schnell erkannte er, dass all seine Bemühungen, uns zu unterhalten oder etwas zu erklären, fehlschlagen. Wir waren hier schließlich kein Damenkränzchen sondern die Elitegruppe der ehemaligen katholischen Mädchenvolksschule Nördlingen. Wir waren wir und nicht irgendeine Reisegruppe. Das hat er schnell erkannt und so konnten die Dinge ihren Lauf nehmen, Er musste nichts anderes tun, als den Bus sicher nach Berlin kutschieren.

Als sich so langsam die Gemüter beruhigten, jede ihren Platz richtig eingenommen und die erste Aufregung sich gelegt hatte, wurden die Ehemaligen von mir ganz herzlich begrüßt und wie folgt Willkommen geheißen.

Die Ehemaligen der Kath. Mädchenvolksschule Nördlingen

BERLIN

20.5.-22.5.2004

LADIES,

die Crou der fünfziger – Jubiläumsfahrt heißt euch an Bord des Osterrieder-Airbuses herzlich willkommen. Wir möchten euch nun bitten, das Rauchen einzustellen, die Rückenlehnen gerade zu stellen, sich anzuschnallen und konzentriert den Informationen des Managements zu folgen.

Ladies and Gentleman, the Crou of the fifthies drive says werlcome on vourt of the Osterrieder airbus. Please stop smoking, fasten your seatbels and bring your seat in the right place and be conzentrad on the information of the managments.

Ich möchte Euch zunächst die Croumitglieder vorstellen. Im Cockpit unser Pilot Christian, er führt den Airbus sicher über das Nürnberger Kreuz auf die A 9, durch die Bundesländer Bayern, Sachsen, Sachsenanhalt, Brandenburg direkt in die Bundeshauptstadt Berlin.

Ich möchte Euch bitten, das Trinken zu reduzieren, die Pinkelpause zu vergessen und an das Rauchen erst wieder bei Ankunft in Berlin zu denken.

Unser Bordpersonal, die eineiigen Zwillinge Marianne und Gerlinde werden euch auf unserer Jubiläumsfahrt seelisch und moralisch betreuen und für euer leibliches Wohl – der Jubiläumsfahrt angepasst – sorgen. Die Gestaltung der Sondereinlagen zur Fahrtbelustigung ist auf dem Mist der Crou und dem Management – an der Spitze die liebe Petra – gewachsen., Sie trägt die würdevolle Aufgabe der Verantwortung, ihren Weisungen und den Weisungen des Bordpersonals ist unbedingt Folge zu leisten.

Besonders begrüßen möchte ich unsere Jubiläumsgäste im hinteren Teil des Busses, vier reizende Damen und Herren, die es sich nicht haben nehmen lassen, uns auf unserer würdevollen Jubiläumsfahrt zu begleiten. Wir danken Ihnen, dass sie sich zu uns gesellt haben und nehmen Sie auf im Reigen unserer zwanzig Pastorentöchter. Hier sind Sie gut aufgehoben, wir haben jahrelange, klösterliche Erziehung genossen, es wird Ihnen kein Leid geschehen. Wir führen sie sicher nach Berlin, durch Berlin und wieder zum Ausgangspunkt zurück. Sollte Ihnen die klösterliche Ruhe doch etwas zu unheimlich werden, so melden sie sich, wir werden dann sofort Abhilfe schaffen.

Ladies, ich möchte euch bitten, während der Fahrt und in den nächsten Tagen unbedingt an eure klösterliche Erziehung zu denken und euer Verhalten und Benehmen auf diese Grundlagen auszurichten.

Das Management hat dafür Sorge getragen, dass nur drei männliche Wesen dieser Fahrt beiwohnen. Unserem Airbuspilot Christian wurde vom klösterlichen Nunzius Brigitta das Versprechen abgenommen, sich nicht am Tagesablauf der weiblichen Reisenden zu beteiligen, seinen Blick immer geradeaus auf die Straße zu richten und nicht durch unsittliche Blicke den würdevollen Damenkreis durcheinanderzubringen.

Des Weiteren sind die männlichen Ehrengäste der Jubiläumsfahrt im Gewahrsam ihrer weiblichen Reisebegleitung und dadurch von Annäherungsversuchen ausgeschlossen. Egal welche starken weltlichen Versuchungen in den nächsten Tagen auf uns einströmen Ladies, ich bitte euch, sich immer und zu jeder Zeit an euere langjährige klösterliche Erziehung zu erinnern und euer Verhalten dementsprechend anzupassen. Ich bitte stets um absolute Contenos Ladies, Contenos in jeder Lage.

Zum Abschluss der ersten Info-Staffel noch ein Wort zur Kleiderordnung. Ich zeige Verständnis für die lässige Bekleidung während der Fahrt, möchte euch aber bitten, in den nächsten Tagen zu unserer gesitteten Kleiderordnung überzugehen. Ich geh davon aus, dass alle die entsprechende Kleidung – sprich weiße Bluse mit Langarm, höchstens Halbarm, blaue Clubjacke und dunkelblauen Rock mit Wadenlänge eingepackt haben, sodass wir in den nächsten Tagen die Besichtigungen der entsprechenden Klöster, Kirchen und Kathedralen in einem, durch unsere klösterlichen Erziehungen geprägtem Outfit, vornehmen können.

Bei der nächsten Info-Staffel wird das gesamte Programm vorgestellt und jedem durch das Bordpersonal ausgehändigt werden.

160

Bis dahin möchte ich euch nun bitten, lehnt euch entspannt zurück, schließt die Augen, denkt über die gesamten Informationen nach und antwortet erst wieder, wenn ihr gefragt werdet.

Nach einem kräftigen Applaus für diese zünftige Begrüßung und Info waren wir jetzt so richtig voll in Fahrt. Jeder wusste Bescheid, alle waren zufrieden und ich hatte die Lacher auf meiner Seite. Auch das Eis zu den anderen Reisenden war gebrochen, jetzt konnte also nichts mehr schief gehen.

Die Reise nahm nun lustig ihren Lauf. Jeder gab den einen oder anderen Witz zum Besten.

Da es sich ja um unsere „Fünfzigerfahrt" handelte, überreichte Gerlinde in Vertretung des Vergnügungsausschusses jeder klösterlich erzogenen Teilnehmerin eine Urkunde. Die Inhaberin dieser Urkunde wurde aufgenommen im Club „Die Nördlinger Fünfziger".

Entsprechende Erwartungen sind natürlich damit verknüpft. Beim Lesen der Urkunde wippten die Bauchmuskeln vor lauter Lachen.

Ehe man sich umsah war die erste Reiseetappe vorbei. Unser Fahrer steuerte einen Parkplatz an und jetzt kam der ganz besondere Auftritt.

Wir wussten, dass die Busse immer Klapptische dabei haben, um dort Tee, Kaffee und Brotzeit oder Gebäck aufzubauen. Schnell wurde der Fahrer über unser Vorhaben informiert und in Kürze waren Tische aufgebaut und wir stellten unser vorbereitetes Schlemmerbuffet darauf ab. Alles was das Herz begehrte hatten wir vorbereitet. Unser Fahrer war ganz erschrocken, als er sah, was wir alles auspackten, denn eigentlich wollte er den Marschproviant bzw. das Gebäck des Reiseunternehmers Osterrieder aufbauen. Er erkannte aber schnell, dass dies total überflüssig war.

Als wir nun so richtig beim Schlemmen waren, habe ich der Gruppe unseren Überraschungsgast angekündigt. Schon während der Fahrt wurde ich immer gefragt, wer von unseren Nonnen denn vielleicht noch leben könnte und da habe ich dann sehr geheimnisvoll getan. Jetzt wollte ich die Katze aus dem Sack lassen und kündigte doch tatsächlich als Ehrengast hier zu diesem Schlemmerfrühstück unsere Schwester Adelgunde an.

Es zeigten sich jetzt schon etwas verdutzte Gesichter und so ganz wollte man mir auch nicht glauben, sicher waren sie sich aber auch nicht. Da trat dann plötzlich hinter dem Bus unsere Gerlinde hervor. Sie hatte sich inzwischen im Bus ein Nonnenkostüm angezogen und kam nun ganz würdevoll auf uns zu. Das war perfekt. Ach was haben wir gelacht und wieder sind sie

hochgekommen, all die Erinnerungen. Der Busfahrer, die andern Gäste und auch Besucher auf dem Parkplatz, alle lachten herzlich. Ich musste innerlich fast ein wenig Abbitte gegenüber unserer inzwischen leider verstorbenen Schwester Adelgunde leisten, dass wir uns auf ihre „Kosten" so sehr amüsierten. Nach diesem lustigen Zwischenstopp konnte nun die Reise weitergehen. Alle waren gestärkt, auch der Busfahrer und die anderen Gäste haben an unserem Schlemmerführstück teilgenommen. So waren wir jetzt ein total eingeschweißter Haufen netter lustiger Menschen. Müdigkeit kam keine auf. Wir waren total aufgedreht.

Für unsere Christa, die wir schon so lange nicht mehr gesehen hatten, war eine Überraschung vorbereitet. Christa war nämlich (nach unserem alten Wortschatz) immer noch

ein Fräulein. Für uns also war klar, dass sie immer noch keinen Mann gefunden hat. Deshalb haben wir ihr einen gebacken und ihr dieses einmalige Prunkstück von Mann unter großem Gelächter überreicht. Ja, wir denken eben an alles.

Langsam näherten wir uns immer mehr der Stadt Berlin. Jetzt wurde es für mich Zeit, die zweite Info-Staffel zu starten. Ich nahm also erneut das Mikrophon zur Hand und bat die Gruppe noch mal um ihre Aufmerksamkeit.

LADIES,

die Crou bittet erneut um eure Aufmerksamkeit. Wir befinden uns derzeit fünfzig Kilometer vor Berlin. Unsere planmäßige Ankunft in Berlin ist um 14:00 Uhr. Das Wetter in Berlin ist klar, die Sonne scheint, die Temperatur liegt derzeit bei zwanzig Grad und wird in den nächsten Tagen bis auf fünfundzwanzig Grad ansteigen oder auf zehn Grad abfallen.

Ich verteile nun das Programm unserer Berlinreise und ich bitte euch, in geziemter Demut, meinen Ausführungen zu lauschen. Bevor wir die einzelnen Punkte durchgehen, habe ich noch eine gesonderte Mitteilung.

Ihr habt hoffentlich alle weisungsgemäß die Badeanzüge und Bademützen eingepackt, da wir im hoteleigenen Schwimmbad unseren Tag am frühen Morgen mit einem gemeinsamen Schwimmwettbewerb beginnen. Nach Rücksprache mit der Hotelleitung wurde mir zugesichert. Dass die Schwimmabteilung jeden Morgen ab 7:00 Uhr geöffnet ist und es gewährleistet ist, dass in der Zeit von 7:00 bis 8:00 Uhr die Schwimmabteilung unserem klösterlichen Team alleine zur Verfügung steht. Der Besuch für die breite Masse ist erst ab 8:00 Uhr vorgesehen. Wir können also gesittet und ohne Beobachtung fremder Männerblicke unsere Morgengymnastik im Schwimmbecken vollziehen.

Dazu möchte ich alle bitten, pünktlich im 6:45 Uhr mit Badeanzug und Bademütze, sowie Handtuch über dem Arm, Seifenschale in der Hand, in unserer gewohnten Zweierreihe im Hotelzimmergang Aufstellung zu nehmen, so dass wir gemeinsam mit geziemten Schritten, leise und bedächtig unser Morgenbad antreten. Eine Teilnehmerin wird mit einem Fotoapparat ausgerüstet. Sie hat die ehrenvolle Aufgabe, Fotografien für unser Erinnerungsalbum zu erstellen. Diese Fotos gelten gleichzeitig   als

Nachweis für den klösterlichen Nuntius Brigitta über unser gesittetes sportliches Verhalten, Wir nehmen nun das von Gerlinde ausgeteilte Programm zur Hand und ich werde noch einige Erläuterungen dazu geben.

Diskussionen über eventuelle Programmänderungen sind untersagt. Kleine Abweichungen sind möglich – auf Antragsstellung. Sollte jemand mit Sonderwünschen bzw. Eigengestaltung der Berlinreise unter uns sein, so kann diesem Antrag nicht stattgegeben werden. Ausnahmefälle sind möglich im Bereich der persönlich eingeplanten Freizeit. Aber auch da ist zu berücksichtigen, dass gemeinsame Gebetsstunden, Morgengebet, Tischgebet, Abendgebet, sowie vorbestellte Gottesdienstteilnahmen und Termine für Beichtgelegenheiten sowie gemeinsame Mahlzeiten unbedingt eingehalten werden müssen. So wie wir das aus unseren Schul- und klösterlichen Lehrjahren gewohnt sind.

Ich wünsche uns nun allen einen angenehmen Aufenthalt in Berlin, viel Freude an den geplanten Besichtigungen und an der lehrreichen Prägung des Geistes.

Ich danke für eure Aufmerksamkeit, Applaus ist nicht notwendig, gehen wir lieber alle in die innerliche Besinnung und studieren wir genau das Programm.

Ich wünsche uns nun allen einen angenehmen Aufenthalt in Berlin, viel Freude an den geplanten Besichtigungen und an der lehrreichen Prägung des Geistes.

Ich danke für eure Aufmerksamkeit, Applaus ist nicht notwendig, gehen wir lieber alle in die innerliche Besinnung und studieren wir genau das Programm.

Spätestens jetzt waren alle aus dem Häuschen. Der eine oder andere wusste nun nicht mehr was Ernst oder Spaß ist und vor allen Dingen die Mitreisenden, denen war das doch

BERLIN
Lacht vom 20.05. - 22.05.04

Liebe Mitschülerinnen!

Ich habe für Euch ein kleines Programm zusammengestellt.

Wir als ehemalige, reine Mädchenklasse und streng katholisch möchten unser **50-jähriges** Bestehen auch dem entsprechend gestalten. Ich hoffe, das, dass auch in Euerem Sinne ist

1. **Tag** Busfahrt von Nördlingen nach Berlin
Ankunft in Berlin ca. 14.00 Uhr
Unterbringung im Hotel Intercontinental. Möglichkeit zum Frischmachen und duschen. Anschließend Besichtigung „**Der Dom zu Berlin**". Er wurde im italienischen Hochrenaissance-Stil gebaut. Er stammt aus Zeiten Wilhelminismus, also gegen Ende des 19. Jahrhunderts. Von innen ist die riesige Kuppel am Beeindruckendsten. Die Besichtigung kostet nur 4 €. Nach Besichtigung können wir in aller Stille im Dom noch verweilen und den Rosenkranz (freudenreichen, schmerzhaften, glorreichen oder trostreichen) beten.
Ich habe genügend Rosenkränze dabei (**schwarze od. weiße**) Sie können zu 5,00 € erworben werden. Gegen ca. 18.00 Uhr nehmen wir unser Abendessen mit vorhergehendem Tischgebet ein. Dazuwählen wir eine Klassenkameradin aus. Frühes Bettgehen ca. 20.00 Uhr ist erwünscht, damit wir am nächsten Tag fit sind

2. **Tag** 7.30   Gemeinsames Morgengebet auf der Hotelterrasse
Reichhaltiges Frühstück ca. 8.00 – 9.00 Uhr. Nach dem Frühstücken Stadtrundfahrt mit dem Busunternehmen Osterrieder. Nun habe ich mir gedacht, wenn wir schon eine Hedwig unter uns haben, dann müssen wir unbedingt die St. Hedwigs-Kathedrale besichtigen. Sie ist gleich hinter der Deutschen Staatsoper. Der Kuppelbau stammt aus der Mitte des 18. Jahrhunderts. Hier hat jeder Gelegenheit eine Beichte (**Ohren**) zu absolvieren. Pater Dominik steht uns von 11.30 – 13.00 Uhr zur Verfügung.
Nach unserer seelischen Erleichterung folgt ein übiges Mittagessen in einem gutbürgerlichen Lokal. Nach dem Essen Zeit zur freien Verfügung (Bummeln, einkaufen usw.) oder Besuch eines **Teehauses oder Milchbar** am Kurfürstendamm. **Meditationsabend** und Beginnn im Hotel mit Schwester Edigna **kostenlos!!!**
Bettruhe ca. 20.30 Uhr.

alles etwas sehr suspekt.

Kurz vor Berlin habe ich dann doch die Katze aus dem Sack gelassen. Schluss mit dem Spaßprogramm, das tatsächliche Programm wurde verteilt und die Zimmeraufteilung vorgenommen. Jede wusste nun, was Sache ist und schon kurz darauf hielt der Bus vor unserem Fünf-Sterne Firstclass-Hotel Intercontinental.

3. **Tag** Abschlusskrönung der Fahrt bietet die **Marienkirche.**
Die Kirche ist in gotischem Stil gebaut. Die Turmspitze datiert jedoch nicht bis ins 13. Jahrhundert zurück. Das 14. Jahrhundert sollte zu einem schicksalhaften Jahr für die Kirche werden. Wegen des Mordes eines Kirchlichen wurde über Berlin vom Papst ein Kirchenbann erlassen und die Stadt musste ein Sühnekreuz aufstellen, das man heute noch am Frontportal findet. 1380 brannte die Marienkirche und musste neu aufgebaut werden.
Festgottesdienst 6.00 Uhr. (Fa. Osterrieder fährt uns hin- u. zurück)
Auf Wunsch mit Tauf- und Firmerneuerung.
Musikalische Begleitung (Gesang, (Klosterfrauenchor) Geigen, Bratsche u. Orgel)
dies könnte ich über Schwester Uta aus Nördlingen organisieren

Hl. Kommunionsempfang wird angeboten

Frühstücken: 9.00 Uhr
Abreise   10.00 Uhr
Gemütliche Heimfahrt im **Luxusbus** Osterrieder mit Liegesitzen und Fußrasten
Singen, plaudern, lachen, häckeln, stricken und vieles mehr ist erwünscht!

Viel **Freude** und **Spaß** wünscht Euch von Herzen

Eure Petra!!!

Man kann sich gar nicht vorstellen, wie kurzweilig diese lange Fahrt war, wie schnell die Zeit verging. Gar nicht müde und immer noch voller Tatendrang standen wir jetzt vor dem prominenten Hotel am Berliner Zoo in der Budapester Straße. Das war wirklich nicht nur eine Jubiläumsreise, sondern auch eine Schnäppchenreise. Die Fahrt hat uns für die drei Tage nur 159,- € gekostet incl. Stadtführung, sowie zwei Übernachtungen mit Frühstücksbuffet. Das war ein absoluter Sonderknüller, den wir da über das Reisebüro buchen konnten, denn das Hotel war eine Wucht.

Richtig andächtig haben wir diese heiligen Hallen betreten. Alles lief reibungslos. Wir konnten sofort unsere Zimmer beziehen und haben uns für eine Stunde später in der Empfangshalle verabredet. Schließlich wollten wir uns ja noch viel von Berlin anschauen und für abends war in einem urigen Berliner Lokal ein Tisch für uns reserviert.

Die öffentlichen Verkehrsmittel in Berlin waren bestens organisiert und mit einer Gruppenkarte jeweils für fünf Personen machten wir uns nun auf den Weg. Einiges stand auf dem Programm und die Gruppe teilte sich. Für die einen war dies interessant, für die anderen jenes und an den Treffpunkten sind wir dann wieder aufeinandergetroffen. Man flanierte durch die Stadt, machte Rast in einem der zahlreichen Straßencafés und fuhr bequem mit dem Bus quer durch Berlin oder schipperte mit dem Boot über die Spree. Das war einfach super.

Vor allen Dingen die Busfahrten. Wenn uns die Busfahrer einsteigen sahen, dann haben sie schon die Nase gerümpft, denn mit uns ging die Post ab. Die anderen Gäste allerdings, die waren sehr von uns angetan und haben zum Teil vergessen auszusteigen, bzw. sind gezielt sitzen geblieben, weil sie unsere Späße und Witze miterleben wollten. Sogar in den Berliner Gaststätten, in denen wir vertreten waren, hat das Personal aufgehört zu bedienen und hat sich lieber zu uns an den Tisch gesellt, denn bei uns war Tag und Nacht Stimmung pur.

Die Berliner Busfahrer haben einen sehr aggressiven Fahrstil und bei einer Vollbremsung hat es einen jungen Mann durch den Gang gewirbelt und er ist direkt auf dem Schoß von Gerlinde gelandet. Die hat ihn geistesgegenwärtig gleich richtig festgehalten, den Fahrer gelobt und ihm Freibier versprochen.

So waren wir kunterbunt in Berlin unterwegs und manchmal musste man sich bei unserer Ausgelassenheit schon fragen, wie alt wir denn jetzt wirklich sind. Aber was ist schon Alter, wenn das Herz jung geblieben ist und nach dem Popo fragt keiner! So sagt man doch – oder?

Nach einem herrlichen Abendessen in einem Altberliner Lokal und einem langen Aufenthalt in der Hotelbar verabredeten wir uns für den frühen Morgen im Whirlpool des Schwimmbades, natürlich laut klösterlichen Verordnung. So war es dann auch. Das Schwimmbad war schon ab morgens 6:00 Uhr geöffnet und wurde von einem flotten Bademeister betreut. Alle bekleidet mit einem schneeweißen, hoteleige-

nen Bademantel und mit schneeweißen, hoteleigenen Frotteepantoffel, trafen wir uns fast alle im Schwimmbad. Ich war kurz nach 6:00 Uhr eine der ersten und konnte mir somit vom Wasser aus den Auftritt der „Klosterfrauen" betrachten. Da kamen sie, eine nach der anderen, zum Teil noch müde uns zerzaust, aber sie kamen. Zwei davon waren die Krönung unserer Gruppe. Gerlinde kam mal wieder als Schwester Adelgunde in der Nonnenhaube und einem schwarzen Badeanzug. Zur Begrüßung fragte sie den Bademeister, ob schon mal eine Nonne hier in diesen heiligen Hallen gebadet hat, was dieser nach seinem Wissen verneinte. Worauf Gerlinde ihn dann fragte: „Wo bitte sind dann für diese Premiere meine Blumen?"

Das war dann natürlich wieder der Startschuss in einen fröhlichen, ereignisreichen Tag. Die zweite Krönung war unsere Roswitha, sie hatte keinen Badeanzug dabei und sprang einfach mit einem knallgelben T-Shirt ins Wasser. Das Shirt hat sich dabei so richtig aufgeblasen durch den Wasserdruck und die Luft. Roswitha sah aus wie ein dicker, fetter, gelber Ballon.

Gott sei Dank war zu dieser Tageszeit noch kein anderer Gast im Schwimmbad. Nur die ehemaligen Klösterlichen waren vertreten und machten Lärm für eine Kompanie Soldaten. Wir planschten ausgelassen im Whirlpool und Marianne machte mit den Mädels Schwimmübungen vom Feinsten nach dem Kommando: „Anziehen, strecken, schließen – Pause."

Nach diesem ausgiebigen, lustigen „Frühsport" ging es ab zum Frühstück und das war ja nun wirklich grandios. Man konnte speisen wie ein Fürst und sich tatsächlich rund um den Globus auf deutsch gesagt „durchfressen", denn essen konnte man das nicht mehr nennen. Ein Frühstücksbuffet so weit das Auge reichte und es gab nichts, was es nicht gab. Wir wussten vor Verzweiflung nicht, was wir essen und was wir weglassen sollten. Nur unsere Sonja, die war ganz cool und hat, wie auch zu Hause, nur ihre zwei Marmeladebrötchen gegessen. Wenn wir nicht ein so enges Programm gehabt hätten bzw. wenn nicht der Stadtführer auf uns gewartet hätte, ich glaube, wir würden heute noch sitzen und frühstücken. Es war ein Traum.

Nach einer interessanten Stadtführung teilte sich die Gruppe mal wieder je nach Lust und Laune und man machte sich auf den Weg durch Berlin.

Besichtigungen, eine Fahrt auf der Spree, Stadtbummel, Fernsehturm, ach du lieber Gott, so vieles war möglich und wir haben auch vieles mitgenommen. Wir standen vor dem Brandenburger Tor, setzten uns in die Eingangshalle des Hotel Adlons und fühlten uns wie

Filmstars (bei unserem Outfit hat uns allerdings keiner dafür gehalten). Vor allen Dingen für mich war es etwas Besonderes, im Adlon zu sitzen. Ich schaute mich um, dachte dabei an meinen Vater, der als ganz junger Mann im Hotel Adlon beim Tanzen war. So hat er uns das immer erzählt. Wo er da wohl getanzt hatte? Wehmut hat mich damals ergriffen, ich fand es aber auch sehr schön, so quasi in „seine Fußstapfen" zu treten.

Es gab so viel zu sehen und die meisten landeten zum Schluss im KDW. Da fielen uns ja fast die Augen aus dem Kopf. Bei der Vielfalt der Angebote, auch an Speisen und Getränke war man fast nicht in der Lage, einen Einkauf zu tätigen oder etwas zu essen und zu trinken. Das Überangebot war eher erschreckend als erfreulich. Danach waren wir von den vielen Eindrücken erst mal so richtig fertig.

Nach einer kurzen Ruhepause im Hotel bzw. einem erneuten Besuch im Schwimmbad ging es zum Abendessen in das nächste urige Berliner Restaurant. Die Portionen waren dort so groß, dass ein Ekel aufkam, als das Essen serviert wurde. Das war überdimensional. Ich hatte mir eine Berliner Spezialität bestellt – Eisbein mit Kraut – da kam doch eine Platte, die hätte für vier Personen gereicht. Ich war so entsetzt, dass ich sie fast komplett wieder zurückgehen lassen musste. Mein Magen hat einfach zugemacht und da ging dann gar nichts mehr.

Das war so schade. Auch alle anderen Mädels hatten Portionen auf Ihrem Teller, das war schon fast abartig. Wenn wir heute noch daran denken, was davon weggeworfen wurde, „dann schreit unsere klösterliche Erziehung zum Himmel"! Das war dann wohl doch nicht so ganz gelungen, zumal das in diesem Lokal auch eine richtige Massenabfertigung war. Es war so voll und alle haben nur gegessen. Das sollte ein uriges Berliner Restaurant sein, ist auch sehr bekannt, aber für uns wohl doch ein Fehlgriff. Aber was solls. Wir sind aus einem besonderen Holz geschnitzt und da kann uns das doch gar nichts anhaben. Lustig war es trotzdem und über das Foto mit dem „Eisbein" lachen wir heute noch.

Nach diesem Festgelage stürzten wir uns in das Berliner Nachtleben. Wir amüsierten uns in einer super Transvestitenshow und machten voll mit. Zum Abschluss dieser genialen Show haben wir den tollen Jungs oder Mädels angeboten, ihnen das Stricken beizubringen, dann wären sie perfekt. So ganz gut sind wir allerdings mit diesem Vorschlag nicht angekommen. Überhaupt, wir haben ganz schön den Ablauf der Show mit „unseren Einlagen" durcheinandergebracht. Wenigstens der Teil von uns, der nicht eingeschlafen war. Es war schrecklich heiß in den Räumlichkeiten, wir waren müde und kaputt von der Reise, von all den vielen neuen Eindrücken und der gnadenlosen „Fresserei". Ja und wie es halt so ist – der Zahn der Zeit, bzw. des Alters, hat inzwischen auch bei uns angefangen zu nagen. In Wien konnten wir noch durchmachen, in Berlin war das fast nicht mehr möglich. Geschockt hat uns das allerdings nicht, wir konnten gut damit umgehen.

So landeten wir nach dieser genialen Show zum Absacker in der Hotelbar und erfreuten uns noch ausgiebig an den herrlichen Cocktails. Das war so richtig etwas für die Töchter unserer Mütter.

Die Abreise am anderen Tag war für 11:30 Uhr vorgesehen. Wir hatten also noch mal den Vormittag für uns, aber wir haben nichts mehr unternommen, wir haben nur noch mal ausgiebig das gemeinsame Frühstück genossen. Wir konnten uns einfach nicht davon loslösen. Es war so herrlich, wie wir da fürstlich gemeinsam lang und ausgiebig gespeist haben. Wir haben geplappert und geplappert und uns so super gut verstanden. Es war einfach ein unvergesslicher Vormittag dieses gemeinsame Frühstück im Hotel Vierjahrszeiten in Berlin.

Auch an die Zurückgebliebenen wurde gedacht. Schöne Ansichtskarten von Berlin machten für die Unterschrift die Runde. Auch für unsere Wirtin Ingrid haben wir eine besonders lustige Karte ausgesucht mit einem ausgefallenen Gruß von uns allen.

Mit einem lachenden und einem weinenden Auge starteten wir pünktlich zur Abreise. Auch während der Heimreise stand unser Mund nicht still. Jeder hatte etwas zu erzählen, Witze wurden gerissen und flotte Sprüche geklopft.

Wir riskierten sogar einen Flirt mit unserem Fahrer Christian, der ja doch sehr von uns angetan war und sich gleich als Fahrer für die nächste Reise zur Verfügung stellte (das kannten wir ja schon von unserer Wienreise). Wir gaben ihm zu verstehen, dass er ein Augenschmaus für uns ist. Denn er sah tatsächlich gut aus, unser Fahrer Christian. Tolles Lachen, super Ausstrahlung, jung geblieben, knackig und herzerfrischend. Dass wir ihn nicht unbedingt von der Bettkante schupsen würden und eigentlich jede von uns ihn „wollte", das haben wir ihm sehr wohl zu verstehen gegeben. Er aber wollte wohl keine von uns – das ist OK – aber „unsere Töchter, die bekommt er auch nicht". Das war mal wieder ein weiser Spruch unserer schlagfertigen Gerlinde.

Die Krönung der Rückreise war dann noch ein kleines „Feuerwerk". Ich hatte Muffins gebacken und steckte in jedes der kleinen Kuchenteilchen eine brennende Wunderkerze und ging damit durch die Busreihe. Und so wie diese Wunderkerzen langsam abbrannten und das kleine „Feuerwerk" erlosch, so endete am späteren Abend unsere Berlinreise mit einer glücklichen und gesunden Heimkehr.

Zu Hause angekommen war klar, von dieser Fahrt werden wir noch lange zehren. Wir werden uns immer wieder viel zu erzählen haben. Die schönen Tage in Berlin haben die Gruppe noch mehr geprägt und noch mehr zusammen geschweißt. Die Auswärtigen haben versprochen, bei der nächsten großen Reise wieder mit dabei zu sein. Dass drei Teilnehmerinnen bei der nächsten großen Fahrt nicht mehr mit dabei sein werden, weil der Tod uns gezeigt hat, wo die Grenzen sind, das konnte damals, an diesem lustigen Heimkehrabend, keine ahnen.

Neue Pläne

Lange noch zehrten wir von unserer wunderschönen Reise nach Berlin. Von den vielen neuen Eindrücken unserer "Schulklasse", die erneut noch mehr zusammen gewachsen war.

Als sich der Klassenstammtisch nach der Klassenfahrt wieder im Jägerstüble bei Ingrid traf, ging es hoch her. Bilder wurden gezeigt, Erinnerungen ausgetauscht. Es war ein Schnattern und Erzählen. Man lachte, freute sich und verstand manchmal sein eigenes Wort nicht.

Wir haben erkannt, wie schnell die Zeit sich dreht und wenn wir tatsächlich immer nur, wenn wir „Nullen", eine gemeinsame Reise planen, dann wird es ganz schnell eng werden.

Dieses Thema hatten wir bereits, als wir uns vor fünf Jahren zu unserer Reise in die Vergangenheit in Nördlingen getroffen haben. Damals planten wir Berlin und sogar schon weiter voraus. „Zur Berlinreise", so meinten wir damals, „da sind wir all fünfzig Jahre alt. Wohin reisen wir mit sechzig?" Damals und auch jetzt lachten wir. „Mit sechzig" meinten wir erneut, „da tanzen wir auf dem Broadway, mit siebzig schippern wir über den Bodensee und mit achtzig, da trifft sich der Rest in Bad Wörishofen." Wir schauten uns an. „Ach du liebe Zeit, dann können wir, so Gott es will, vielleicht noch drei Mal gemeinsam eine „Klassenfahrt" unternehmen", ertönte es etwas kleinlaut aus der Runde.

Leichte Wehmut machte sich breit und wir dachten für uns, das kann und darf es nicht sein. Jetzt endlich, wo diese Klasse nach vielen Jahren und vielen schönen gemeinsamen Unternehmungen so richtig zusammengewachsen ist, jetzt soll uns der Genuss vielleicht nur noch drei Mal beschieden sein? Das geht auf keinen Fall. Nur kurz war der Moment der Schweigsamkeit, dann kam Leben in die Gruppe. „Wie wäre es, wenn wir jedes Jahr eine kleine Reise oder einen Ausflug einplanen und alle fünf Jahre eine mehrtägige Fahrt einplanen würden", kam der Vorschlag.

Christa, ihres Zeichens Laubfrosch, die ja seit Jahren in Tübingen lebte und sich nach vielen Jahren mal wieder an einer Reise bzw. einem Treffen beteiligte war von der Idee so begeistert, dass sie uns den Vorschlag machte, mit dem Klassenstammtisch doch einmal zu ihr nach Tübingen zu kommen. Das haben wir uns nicht zwei Mal sagen lassen. Es stand also ganz schnell fest, Christa in Tübingen zu besuchen. Die Vorfreude ist ja bekanntlich die schönste Freude und so war es auch bei uns.

Wir starten nach Tübingen

Als Termin wurde das Jahr 2006 ins Auge gefasst. Und am 24.6.2006 ging es los. Die Gruppe traf sich morgens am Bahnhof in Nördlingen. Diese Reise fand mit dem Zug statt. Es war ein sehr heißer Tag, die Mädels waren gut drauf und wie immer war für alles gesorgt. Man hatte Sekt und Saft in Kühltaschen mit dabei. Butterbrezen waren geschmiert und so ausgestattet konnte die Fahrt starten. Wir nahmen ein komplettes Zugabteil in Beschlag. Wie immer wenn wir alle zusammen waren, dann war Aktion angesagt. Kaum rollte der Zug richtig an, wurden schon die ersten Leckereien ausgepackt. Jede hatte eine kleine Überraschung mit dabei, die das leibliche Wohl unterstützte.

Am Bahnhof in Tübingen nahm uns Christa freudestrahlend in Empfang. Wir belegten sofort die Bänke am Bahnsteig mit unserem Gepäck und bauten eine kleine Theke auf. Schließlich hatten wir Sekt und Saft mit dabei, um das Ereignis gebührend zu begießen. Lautstark ging es hin und her und die anderen Reisenden blickten oftmals auf die bunte, lustige Truppe, die da gar so ausgelassen am Bahnsteig durcheinander redete.

Inzwischen fuhr auch noch ein weiterer Zug ein. Er kam aus der entgegengesetzten Richtung, als wir kamen. Unser Blick war voll auf die Türen des Zuges gerichtet. Richtig, wir erwarteten noch eine aus unserer ehemaligen Klasse. Es war Heidi, die schon lange nicht mehr in Nördlingen wohnte, aber bei unseren Treffen immer mit dabei war. Wir freuten uns auf ein Wiedersehen mit ihr, doch wie sehr erschraken wir, als wir Heide erblickten. Sie war quittengelb im Gesicht und das gefiel uns gar nicht. Nicht nur im

Gesicht, auch ihre Haut an den Armen und Händen war nicht so, wie es sein sollte. War sie krank? Auf unsere Frage hin verneinte sie. Sie gab sich ziemlich vergnüglich und somit gaben wir uns mit ihrer Antwort zufrieden. Beschäftigt hat uns ihr Aussehen aber doch und wir machten uns Sorgen. Doch zunächst schoben wir die Angstgedanken zur Seite.

Jetzt endlich waren wir vollzählig und nichts mehr konnte uns aufhalten. Wir griffen zu den vollgeschenkten Gläsern und stießen erst mal auf schöne Tage in dieser ausgelassenen Runde an. Wir dankten Christa für Ihre Bemühungen, für die Organisation und zogen los in unser Hotel. Inzwischen stand die Sonne hoch am Firmament. Es war noch heißer als heute Morgen.

Für den Nachmittag war eine Stocherkahnfahrt auf dem Neckar geplant. Gott sei Dank, das bringt etwas Abkühlung, dachten wir. Von wegen. Die Sonne brannte uns auf das Haupt. Für die etwas fülligeren Teilnehmerinnen (vor allen Dingen für mich) war es gar nicht so einfach, in den schaukelnden Kahn zu steigen. Aber gemeinsam waren wir schon immer stark und so saßen dann alle glücklich auf zwei Booten verteilt. Es war auf jeden Fall eine sehr schöne, wie immer unterhaltsame Fahrt im kleinen Kahn auf dem großen Neckar.

Marianne hatte es allerdings erwischt, sie litt unter einem Sonnenstich und ihr war sehr elend.

Danach saßen wir noch gemütlich in einem Biergarten und genossen „de Schwobe ihr guats Fressle". Das wollte sich auch Marianne nicht nehmen lassen.

Nachts saßen wir noch lange auf der Terrasse im Hotel. Unser Laubfrosch bekam ein Gastgeschenk und eine grandiose „Persönlichkeitsanalyse" von Petra mit einer speziell von Gerlinde entworfenen Karte.

DIE EINMALIGEN DER KATH. MÄDCHENVOLKSSCHULE TÜBINGEN, 24. JUNI 2006

Ja ist denn scho Weihnachten?

Gewidmet unserem Christkind

Heidi
Gerlinde
Ute   Thea
Petra   Claudia   Roswitha
Hedwig
Karin   Monika

JA IS DENN SCHO WEIHNACHTEN !!!!!!!

An Weihnachten, so ist es Brauch, gibt es Geschenke, für Dich liebe Christa auch.

Zunächst die Analyse Deiner Persönlichkeit, vielleicht bist Du nach diesem Studium endlich gscheit !

Schau ich mir Christas Astro-Radix an, muß ich sagen, sie ist bedeutend besser als unsere Ute dran.

Mit starkem Feuer- und Luftzeichen steht sie über den Dingen, ist kontaktfreudig, ehrgeizig und kann dem Leben viel Gutes abgewinnen.

Das Bodenständige ihr gänzlich fehlt, weshalb sie in Phantasien und Traumschlössern schwebt.

Sonne und Venus im Wassermann zeigt Freiheit in der Liebe an.

AC Schütze ein Vollweib gibt, das so gern mit dem Feuer spielt.

Uranus im 7. Haus deutet auf Scheidung hin, Pluto im 8. Haus will Macht und Gewinn.

Mond im Fisch spricht ihr Helfersyndrom und die Sozialarbeit an, aber auch Leid durch Partner, da ist auch was dran.

Jupiter im Arbeitshaus, was kann es besseres geben und MC in der Waage strebt nach Harmonie im Leben.

Saturn im Skorpion bringt himmelhoch jauchzend und zu Tode betrübt, aber auch das Mediale ihr sehr gut liegt.

Erfolge gern erst in der zweiten Hälfte des Lebens, darum warteten wir auf eine Heirat lange vergebens.

Mars im 11. Haus zeigen Ihre sozialen Ziele und höheres Streben, Mars aber auch noch im Skorpion, was Schlimmeres kann es fast nicht geben.

Wer einmal unter ihrem Zornausbruch leidet, der weiß, was ein Vulkanausbruch bedeutet!

Wir kennen sie nur klein und schmächtig, dicke Brillengläser, der Anorak grasgrün, da fragten wir uns in der Schule, wo will denn dieser Laubfrosch hin.

Bis wir merkten, das ist kein Laubfrosch, die legt auch keine Eier, nein, das ist die Christa Hintermair.

So hatte Christa ihren Namen weg, sich darüber zu ärgern hat keinen Zweck.

Als Laubfrosch ist sie bei uns wohlbekannt, im feinen Tübingen wird sie so nicht genannt.

Hier wirkt sie als Kreisjugendpflegerin ganz famos und „sitzt dem Landrat fast auf dem Schoß"!

Auch zeigt sie hier keinen krummen Daumen oder gar einen gichteligen Zeigefinger, seit Ende der Schulzeit gibt's das wohl nimmer!

Kontaktlinsen und die einst langen Haare jetzt im Kurzhaarschnitt, da wird doch der Hund in der Pfanne verrückt.

Man soll es auch kaum glauben, mei was sind wir froh, sie hat inzwischen auch nen knackigen Popo!

Der Busen wippt noch rauf und runter, drum ist ihr Garry immer munter!

Ein Laubfrosch soll die Christa sein, wer redet sich denn so was ein?

Ein Vollweib steht hier - doch wie es wohl so ist - wurde der Frosch vielleicht von einem Prinzen wach geküsst?

Prinz Garry vielleicht — aber den kennen wir ja — wer war denn da noch vorher da?

Einer ja, der ist uns auch noch bekannt, der mit dem steifen Nacken, den haben wir vor zwei Jahren für die Christa gebacken!

Den kannst Du jetzt endgültig vernaschen oder den Hasen geben, Prinz Garry regiert jetzt in Deinem Leben!

Doch wir sehen schon, wir müssen wieder eingreifen, denn wie soll bei dieser Spätzündung noch Nachwuchs ranreifen?

Wir haben wie immer an alles gedacht und Dir liebe Christa die Kinder gleich mitgebracht.

Ein Junge und ein Mädchen entzückend und fein, das soll eines unserer Geschenke sein.

Kinder machen ist der schönste Zeitvertreib, deshalb hat sich das die Gerlinde einverleibt.

Du kannst jetzt die Kleinen weiter hegen und pflegen und bekommst dazu unseren klösterlichen Segen!

Wir setzen die Reihe unserer Geschenke fort, siehst Du den Laubfrosch dort? Zu ihm gehört auch eine Kugel golden und fein darf sie auch aus Marmor sein?!

Wenn wir nun Christas glänzende Augen und all die Gaben betrachten, dann stellt sich uns die Frage

JA IS DENN SCHO WEIHNACHTEN ???

Alles liebevoll vorbereitet, gebastelt und gemacht, ja liebe Christa, wer hätte das gedacht?

Aber - das ist uns die Sache wert - denn Du kleiner Laubfrosch bist doch gar nicht so verkehrt !!!

Die Mädels der katholischen Mädchenvolkschule Nördlingen 24. Juni 2006 (Verfasserin Petra Quaiser)

Die Analyse und das Gedicht kamen gut an. Christa grinste wie ein Breitmaulfrosch und die Unterhaltung war in vollem Gange. Wir genossen diese herrliche laue Sommernacht auf der Terrasse unsere Hotels in unserer fröhlichen, lustigen Runde.

Marianne schmiss vorzeitig das Handtuch, die Stocherkahnfahrt mit der sonnigen Breitseite machte sich erneute bemerkbar. Gegen Mitternacht überraschten wir unsere Ute mit einem Gedicht und ließen sie gesanglich Hochleben. Sie hatte Geburtstag und wir feierten, bis schon fast der Morgen graute.

Am Sonntag machten wir Tübingen unsicher, soweit es die Hitze zuließ. Christa führte uns durch ihre Heimatstadt. Es war schön, durch die alten, urigen Gassen zu schlendern, im Straßencafè zu sitzen und zu plaudern.

Die Zeit verging wie im Flug und am späten Nachmittag hieß es dann auf zum Bahnhof.

Abgekämpft und fertig mit der Welt standen wir wie ein Häufchen Elend am Bahnsteig. Es war immer noch heiß, so heiß, dass die Kleidung am Körper klebte. Nichts wie rein in den Zug dachten wir. Hinsetzen, etwas schlafen und ab nach Hause, duschen und weiterschlafen.

Wir nahmen Abschied von Christa, die in Tübingen blieb und von Heidi, die wieder in eine andere Richtung fuhr.

Heidi sah immer noch nicht gut aus, doch keiner traute sich etwas zu sagen. Heidi machte uns zum Abschied am Bahnhof den Vorschlag, im nächsten Jahr mit dem Klassenstammtisch eine Reise zu ihr nach Aulendorf einzu-planen. Aulendorf, ein schöner Ort an der Schwäbischen Bäderstraße. Dort gibt es ein Biermuseum, eine schöne Therme und man könnte sich einen lustigen Abend bei einem ausgefallenen Rittermahl machen.

Wir fanden den Vorschlag super und versprachen ihr, das am Stammtisch zu diskutieren und uns dann mit ihr kurz zu schließen. Die fröhliche Gruppe stieg in ihre Züge und fuhr in gegensätzliche Richtungen ab.

Am Sonntagabend kamen wir gegen acht Uhr in Nördlingen an. Alle waren total kaputt, erledigt und verschwitzt von der Hitze und der umständlichen Zugfahrt. Der Abschied war kurz. Schnell verlief sich die Gruppe und jetzt war erst mal Schluss mit lustig.

Der Mensch denkt und Gott lenkt

Der Alltag hatte uns ganz schnell wieder. Sommer und Herbst zogen ins Land. Man traf sich regelmäßig zum Klassenstammtisch. Das Thema Reise nach Aulendorf wurde diskutiert und die ersten Pläne hierzu mit Heidi besprochen.

Am ersten Freitag im November trifft sich der Klassenstammtisch zum Jahresende immer letztmalig. Da findet dann auch immer unsere obligatorische Weihnachtsfeier statt. Die Mädels backen Plätzchen, die Wirtin brät eine Weihnachtsgans, ein kleiner künstlicher Weihnachtsbaum mit bunten Lichtern sorgt für den letzten Schliff. An diesem Treffen wird dann Rückschau gehalten, Pläne und Ideen für das kommende Jahr werden eingebracht. Meist ist es eine große Runde, die sich da zusammen findet und so war es auch 2006.

Wir sprachen an diesem Abend auch über unsere nächste „Klassenfahrt" nach Aulendorf. Das Reiseprogramm für unsere Fahrt zur Heidi stand schon im groben Rahmen fest. Die Reise sollte im Wonnemonat Mai stattfinden.

Besinnlich war es an diesem Abend. Margot hatte wieder für die gesamte Runde ein kleines Weihnachtsgeschenk gebastelt, Gedichte wurden vorgetragen und lustige Anekdoten erzählt. Kurz vor Mitternacht lösten wir den Kreis auf.

Die Wochen vergingen wie im Flug, das neue Jahr wurde eingeläutet und als wir uns im Januar 2007 erneut zu unserem Klassenstammtisch trafen, erlebten wir eine Überraschung. Heidi aus Aulendorf war zum Klassenstammtisch angereist. Ihre Mutter lebte noch in Nördlingen und sie richtete es sich öfter mal so ein, dass wenn sie ihre Mutter besuchte, sie das mit dem Termin des Stammtisches verband. Die Freude auf beiden Seiten war groß, als die Türe aufging und Heide lachend eintrat. Jetzt stand natürlich das Thema fest. Es war unsere geplante Klassenfahrt im Mai. Heidi berichtete uns von ihren Plänen, wie der Ablauf anlässlich unseres Aufenthalts sein sollte und so viele große und kleine Dinge. Abschließend kam sie mit einer Bitte. Sie wollte, dass wir die Fahrt nach Aulendorf vorverlegen. Sie fragte uns, ob wir nicht schon im März kommen könnten. Der Monat Mai wäre für sie ungünstig. Wir blickten uns etwas betreten an. März war nicht unbedingt unser Reisemonat, Mai bürgte doch für eine bessere Witterung. Wir einigten uns dann auf April und schlossen fröhlich die Runde ab.

Wenn wir gewusst hätten, was uns im April erwartet, wir hätten liebend gerne den Reisetermin auf März gelegt. Aber es war gut so, dass wir nicht wussten, was auf uns zukommt. Schnell war der April da und der Count down für unsere Fahrt nach Aulendorf lief. Alles war vorbereitet. Der Termin für April stand fest. Die Zimmer waren reserviert, der Tisch für das Rittermenu bestellt, bald sollte es losgehen. Dieses Jahr aber mit dem PKW. Die Reise im Zug nach Tübingen war zwar sehr lustig, aber mit dem Auto ist man doch mobiler.

Doch es kam ganz anders. An einem Tag im April läutete bei Brigitta das Telefon. Es meldete sich der Mann von Heide und überbrachte die traurige Mitteilung, dass Heidi plötzlich verstorben sei.

Diese Nachricht war wie ein Schlag in den Magen. Plötzlich kam alles wieder hoch. Das schlechte Aussehen von Heidi in Tübingen vor einem Jahr. Ihr Besuch im Januar in Nördlingen wo sie uns bat, die Reise nach Aulendorf vorzuverlegen. Was war passiert? War sie krank, wusste sie, wie krank sie war? Alles war so undurchsichtig. Eines aber war für uns klar. Wir werden am 14. April 2007 nach Aulendorf reisen. Allerdings nicht wie sonst zu einer Vergnügungsfahrt, es wurde dieses Jahr eine Trauerreise.

Am Tag der Beerdigung von Heidi war es sehr heiß, fast so heiß wie vor einem Jahr in Tübingen. Drei Fahrzeuge mit einer sehr ruhigen, bedrückten Gruppe machten sich auf den Weg. Das war so gar nicht unser Naturell, aber das Lachen war uns gründlich vergangen. Wir waren nur noch traurig. Unsere kleine Heidi, mit den lustig blitzenden kleinen Augen, die hinter der Brille immer strahlten. Unsere Heide, die immer mit dabei war, wenn der Klassen-stammtisch etwas unternahm, die immer gute Ideen hatte und so nett plaudern konnte. Diese Heidi war auf einmal nicht mehr unter uns. Wir waren doch noch viel zu jung, um zu sterben, wir hatten noch so viele Pläne für die

Zukunft. Da bewahrheitete sich wieder das Sprichwort: „Der Mensch denkt und Gott lenkt."

Wir hatten uns vor der Abreise zur Trauerfeier mit der Familie von Heidi kurzgeschlossen und waren also über Örtlichkeiten und Termine genau informiert. So trafen wir pünktlich am Friedhof in Aulendorf ein. Wir suchten das offene Grab und fanden es. Jede hing ihren Gedanken nach und dann gingen wir still und langsam zur Friedhofshalle. Dort war ein großer Raum vorbereitet. Geschmückt mit Blumen, Kränzen und Kerzen war die Urne aufgebaut. Zahlreiche Stühle standen im Halbkreis und nach und nach nahmen die Trauergäste Platz. Es schnürte uns den Hals zu, als die Familie von Heidi die Räumlichkeiten betrat. Am Arm ihres Bruders ging gebeugt ihre hoch betagte Mutter und nahm in der ersten Reihe Platz. Heidi war in Aulendorf und Umgebung sehr bekannt und sehr beliebt. Entsprechend groß war auch die Teilnahme der Trauergäste und es wurden, nach den segnenden Worten des Priesters, von einige Vereinen und Institutionen Ansprachen gehalten.

Wir bildeten den Schluss. Ich hatte eine Trauerrede im Namen des Klassenstammtisches vorbereitet. Man kann sich vorstellen, dass es mir sehr schwergefallen ist, diese Rede dann auch zu halten. Doch es war mir ein Bedürfnis das zu tun und so stand ich dann vor den vielen Leuten und blickte in die Runde. Nur jetzt nicht versagen, dachte ich, nur nicht einen Kloß in den Hals bekommen. Doch als ich anfing zu sprechen, fiel alle Last von mir ab. Ich redete einfach. So als würde ich nie etwas anderes in meinem Leben tun. Ich erzählte aus unserer Vergangenheit, von unserer kleinen Schülerbank in Nördlingen. Alles was wir gemeinsam erlebt haben, von unserem Klassenstammtisch und unseren diversen Reisen und von unserer Heidi.

Ich hatte mir die Rede Zuhause zusammengestellt, doch ich las sie nicht ab, ich sprach einfach so, wie es aus meinem Herzen kam.

Als meine Ansprache beendet war, da war es still in den Trauerräumlichkeiten. Meine Worte hatten die Trauergäste sehr ergriffen. Mir selbst war das nicht so bewusst, meine Schulkolleginnen aber sagten es mir. Sie sagten mir auch: „Als du vorgetreten bist zum Rednerpult, da hattest du eine ganz besondere Ausstrahlung und deine Stimme war ganz anders als sonst."

Sehr ergriffen war ich, als wir beim Abschied am Grab unsere Blumen als Grabgabe ablegten. Da saß in der großen Hitze die Mutter unserer Heidi. Als ich mit meiner weißen Rose kam,

stand die alte Dame auf und reichte mir die Hand. Sie bedankte sich für die wunderbaren Worte und für den Nachruf des Klassenstammtisches.

Diese Geste berührte mich so sehr, dass da das Gefühl aufkam, dass mir die Gabe gegeben ist, bei solchen Anlässen zu sprechen. Von da an habe ich immer öfter Grabreden oder Ansprachen zu Trauerfeiern gehalten, habe mich auf dieser Ebene weitergebildet und halte heute noch

Trauerreden, wenn es gewünscht wird. Ich schreibe die Lebensgeschichte der Verstorbenen und erzähle sie am Grab, in der Kirche oder eben bei der Trauerfeier. Aber nicht nur das. Inzwischen organisiere ich auf Wunsch den Ablauf einer Trauerfeier, begleite die Hinterbliebenen in ihrer Trauer und gebe den Verstorbenen einen würdigen Abschied.

Meine Schulkolleginnen meinen immer: „Du musst uns alle überleben, damit du für jeden die Trauerrede halten kannst." Man lacht dann und doch ist Leben und Tod so eng miteinander verbunden. Wir haben es in unserem Kreis leider viel zu früh und viel zu oft erlebt. Inzwischen haben wir von neun Mitschülerinnen Abschied genommen. Aus unserer Reihe, soweit uns bekannt, fehlen Edeltraud, Sonja, Heidi, Ingrid, Rita, Renate, Roswitha, Brigitta und Gabi. Wir vermissen jede unserer ehemaligen Mitschülerinnen sehr, denn mit jeder Verstorbenen verbindet uns eine ganz besondere Erinnerung. Die Erinnerung an unsere schöne Gemeinschaft und an die einzigartige Persönlichkeit, die nicht mehr unter uns weilt.

TRAUERREDE FÜR HEIDI

Der Klassenstammtisch der Mädchenvolksschule Nördlingen ist heute nach Aulendorf gekommen, um Heidi Oesterle auf ihrem letzten Weg zu begleiten, um den Angehörigen persönlich seine aufrichtige Anteilnahme auszusprechen und um ein Versprechen einzuhalten, das wir Heidi vor ca. zehn Monaten gegeben haben, nämlich im Frühjahr 2007 nach Aulendorf zu kommen, um ihre Heimat kennenzulernen.

Es ist für Außenstehende nicht immer einfach, bei einem zu schmerzlichen Verlust, die richtigen Worte des Trostes zu finden.

Ich persönliche bringe das Lebenslicht gerne mit einem Stern in Verbindung. Denn schon der Volksmund sagt: „Wenn ein Kind zur Welt kommt, so blinkt ein neuer Stern am großen Firmament."

Er leuchtet und begleitet den neuen Erdenbürger auf seinem Lebensweg. Bis der Tag kommt, an dem sich die Seele von dem Erdendasein verabschiedet und zurückkehrt zu ihrem Ausgangspunkt.

Und wir haben keine andere Möglichkeit, als dies zu achten und anzunehmen.

Was bleibt, ist der leblose Körper, den wir der geweihten Erde zurückgeben, was noch bleibt, sind trauernde Angehörige, Freunde und Bekannte.

Was aber ewig bleibt, ist der Stern. Und er leuchtet und begleitet die Zurückgebliebenen in Ihrer Trauer. Und immer wenn ich sehr traurig bin, wenn die Sehnsucht groß ist, wenn ich Dinge mit der Verstorbenen noch nicht geklärt habe oder wenn noch Fragen offen sind, z.B. die Frage nach dem Warum – so habe ich jeden Abend die Möglichkeit, zum Himmel zu schauen zu diesem Stern. Und ich kann weinen und schimpfen, ich kann Fragen stellen und meinen Gedanken nachgehen – und ich werde Antwort bekommen auf alles.

Und es wird der Tag kommen, da wird dieser Stern die Herzen der Trauernden erwärmen, die Trauer tritt zurück und wir gehen neue, schöne und andere Wege. Und wir werden uns mit Freude zurückerinnern an schöne Gemeinsamkeiten mit Heidi und an einen wunderbaren Menschen, der ein wichtiger Teil unseres Lebens war.

Und in diesem Gedenken erinnern auch wir uns an Stationen im Leben von Heidi, auf denen wir sie begleiten durften.

Wir denken an unsere Schulzeit, an unseren Klassenstammtisch, an unsere vielen schönen Klassentreffen in den vergangenen dreiunddreißig Jahren, an unsere lustigen Fahrten anlässlich unseres vierzigsten und fünfzigsten Geburtstages nach Wien und nach Berlin.

Ja sogar an das Klappern der Stricknadeln von Heidi erinnern wir uns. Sie hat immer gestrickt im Bus wie ein Weltmeister, wir denken an ihren Notfallkoffer, der immer dabei war und in dem sie für jedes Wehwehchen irgend ein Pflaster, Tropfen oder eine Salbe dabei hatte. Wir sehen ihr lustiges und verschmitztes Lachen und ihre blitzenden kleinen Augen, wenn wir mal wieder unsere Witze gerissen haben.

Aber vor allen Dingen denken wir an unsere letzte gemeinsame Fahrt nach Tübingen im Juni 2006, auch zu einer Klassenkollegin. Denn dort in Tübingen hat uns Heidi den Vorschlag gemacht, doch im Frühjahr 2007 mit dem Klassenstammtisch nach Aulendorf zu kommen, um ihre Heimat kennenzulernen. Wir haben die Einladung mit Freude angenommen.

Wir haben geplant und vorbereitet und die Vorfreude war sehr groß. Und Heidi war dazu noch extra im Januar zu unserem

Stammtisch gekommen und hat alle Unterlagen und Programme mitgebracht.

Wir haben in den vergangenen Wochen getextet und gedichtet, ein lustiges Gastgeschenk für Heidi und ein Rahmenprogramm für unser Ritteressen in Aulendorf vorbereitet.

Umso schlimmer hat uns am Ostersonntag die Nachricht vom Tod von Heidi getroffen. Sie wollte, dass wir früher zu ihr kommen, wie gerne hätten wir das getan.

Aber wir haben unser Versprechen eingelöst und sind im Frühjahr 2007 nach Aulendorf gekommen, wenn auch zu einer Feier, die nicht auf unserem „Reiseplan" stand.

So zeigt uns doch einmal wieder die Allmacht Gottes, die da sagt: „ Der Mensch denkt und Gott lenkt!"

Und wir haben keine andere Möglichkeit, als dies zu achten und anzunehmen.

In diesem Gedenken an Heide und zum Trost für alle Zurückgebliebenen, verabschiedet sich der Klassenstammtisch der Mädchenvolksschule Nördlingen von Heidi Oesterle mit folgenden Worten:

Gebt uns Toten Heimrecht ihr Lebenden,

damit wir unter euch wohnen und weilen dürfen

in dunklen und in hellen Stunden.

Weint nicht, damit Freunde sich scheuen müssen

von uns zu reden.

Macht dass Freunde sich ein Herz fassen,

von uns zu plaudern und zu lachen.

(Dichter Walter Flex)

Der Herr Heidi gebe dir die ewige Ruhe

und das ewige Licht leuchte dir.

Der Herr lasse dich ruhen in Frieden – Amen.

14, April 2007

TRAUERREDE FÜR SONJA SCHLECHT

Liebe Familie Schlecht, liebe Trauergemeinde.

Der Klassenstammtisch der katholischen Mädchenvolksschule Nördlingen ist heute gekommen,

um Abschied zu nehmen von ihrer Schulfreundin Sonja und um den Angehörigen auf diesemWege unsere aufrichtige Anteilnahme auszusprechen.

Wir sind heute seit dem 28. Juli 2002 zum vierten Mal zur Trauerfeier einer lieben Schulfreundin zusammen gekommen und wieder sind unsere Herzen mit Wehmut erfüllt, wenn es jetzt heißt Abschied nehmen.

Wir müssen nicht traurig sein, lehrt uns unser christlicher Glaube, denn es ist kein Abschied für immer. Und in diesem Glauben haben wir auch auf unserer Grußschleife den Satz gewählt:

Du gingst nicht ganz von uns, nur voraus!

Und doch sind wir traurig, weil uns Sonja verlassen hat, die einen Teil ihres Lebens mit uns gegangen ist und mit der uns schöne Erinnerungen verbinden. Jede von uns mehr oder weniger, jede von uns auf eine andere Art und Weise.

Beginnend bei unseren Kindertagen, die wir fröhlich verbracht haben gemeinsam im Wemdinger Viertel in Nördlingen, in der Sonnenstraße, im Wiesenweg, im Heckenweg, im Heideweg über das Mittelfeld bis hin zur Gartenstraße. Dort haben wir gespielt und getobt, gelacht und gestritten, wie das eben so bei Nachbars-

kindern ist. Wie oft ist man den langen Schulweg gemeinsam gelaufen, wie oft hat man sich getroffen bei der Großfamilie Huppenberger, wo man immer willkommen war.

Gemeinsam haben wir die Schulbank gedrückt, Gruppenstunden besucht, waren zum Schwimmen im Freibad, haben Streiche ausgeheckt und in der Sturm- und Drangzeit die ersten Liebesgeheimnisse ausgetauscht.

Wir haben so manches Glas Sekt im Hinterzimmer von Sonjas Reinigung getrunken und so manche schnelle Zigarette dazu geraucht. Man hat gelacht und geklönt und von alten Zeiten gesprochen. Wir haben uns zu vielen Klassentreffen zusammengefunden und schöne Fahrten mit unserem Klassenstammtisch unternommen. Wie haben wir uns diebisch gefreut, als wir Sonja bei ihrer großen Geburtstagspartie anlässlich ihres 50. Geburtstages mit unserem Besuch und mit kleinen lustigen Einlagen überrascht haben. Und heute denken wohl alle an unser letztes gemeinsames Essen im Oktober 2007 bei Anita in Bopfingen zurück.

Die Zeit ist weitergelaufen, unser Zusammenhalt ist geblieben. Wir konnten in all den vielen Jahren das große Augenmerk von Sonja sehr gut verfolgen und das galt einzig und allein ihrer Familie. Schon sehr jung hat Sonja ihrem Mann Peter das Ja-Wort gegeben, und schon sehr früh hat sie ihren beiden Kindern Heike und Nicole das Leben geschenkt und sie zu zwei wunderbaren Menschen erzogen. Sie war von ganzem Herzen Mutter, Ehefrau und Oma.

Wir erinnern uns an die Worte von Sonja vor vielen Jahren die da sagten, dass sie gerne sehr jung Kinder haben möchte, um sie aufwachsen zu sehen, um zu erleben, dass diese Kinder erwachsen werden und ihren eigenen Wege gehen können. Denn sie selbst hat schon als Kind viel zu früh durch eine schwere Krankheit die

Mutter verloren. Dass das Schicksal diese Worte eines Tages einholen wird, damit hat keine von uns gerechnet.

Der Mittelpunkt ihres Lebens war ihr zu Hause, die Familie, die Kinder, ihr Mann Peter und später auch die Enkelkinder. Und sie hat mit großem Einsatz, alles getan um allen ein harmonisches, glückliches zu Hause zu geben, um für sie da zu sein in guten und in schlechten Zeiten.

Und diese Lebensaufgabe hat sie wunderbar gelöst und verdient unsere große Achtung und Anerkennung.

Es ist für Außenstehende immer sehr schwer, bei einem so schmerzlichen Verlust die richtigen Worte des Trostes und der Anteilnahme zu finden. Es kommen für die Angehörigen Wochen und Monate der Trauer, der Sehnsucht und der Tränen und der vielen Fragen nach dem Warum.

Doch sagt man auch, setze kein Fragezeichen, wo Gott bereits den Punkt gesetzt hat?

Und doch bleibt sie die Sehnsucht, die schmerzt und mich nicht ruhen lässt.

Wenn ich will, dann kann ich eine Brücke bauen, eine Brücke aus vielen bunten Farben, die Himmel und Erde miteinander verbindet. Wir nennen sie die Regenbogenbrücke. Sie führt uns in ein ewiges Sein, in dem es kein Leid und keine Schmerzen mehr gibt.

Die Regenbogenbrücke als ein Symbol der ewigen Ruhe, des Friedens und des Neubeginns, ein Symbol der Zusammenführung von Himmel und Erde.

Und wenn an bestimmten Tagen sich auf der einen Seite die Wolken verdunkeln, auf der anderen Seite aber die Sonne lacht, wenn es dazwischen regnet, dann können wir sie sehen, die bunte Regenbogenbrücke.

Wir können unsere Gedanken und unsere Sehnsucht fließen lassen wie die bunten Farben. Die Brücke wird eine Verbindung schaffen zwischen uns und dem geliebten Menschen, der nicht ganz von uns gegangen ist, sondern nur vorausging.

Sonja bleibt bei uns in der Erinnerung an Ihre Worte und Werke und ihr verschmitztes Lächeln. Wir sagen Danke, dass wir bis zum Beginn der Regenbogenbrücke Sonja begleiten durften.

In der Erinnerung an das Lachen von Sonja, verabschiedet sich der Klassenstammtisch mit folgenden Worten:

Gebt uns Toten Heimrecht ihr Lebenden,

damit wir unter euch wohnen und weilen

dürfen in guten und in schlechten Tagen.

Weint uns nicht nach, dass Freunde sich

scheuen müssen von uns zu sprechen,

macht, dass Freunde sich ein Herzen fassen

von uns zu plaudern und zu lachen.

(Verfasser Walter Flex, Dichter)

Nördlingen, 8. März 2008

Die Reise nach Aulendorf und der Tod von Heidi be⁻ schäftigte uns noch immer, da erreichte uns die nächste Hiobsbotschaft. Roswitha liegt im Krankenhaus, es sieht nicht gut aus. Wir wussten zwar, dass es ihr seit geraumer Zeit nicht gut ging, aber dass sich ihr Gesundheitszustand so sehr verschlechtert hat, das war uns nicht bewusst. Unsere Roswitha, die auf unserer Klassenfahrt in Berlin mit dabei war, damals ihren Badeanzug vergessen hatte und deshalb im knallgelben T-Shirt in die Fluten sprang, starb am 29.

April 2007. Am 3. Mai erwiesen wir ihr die letzte Ehre bei der Trauerfeier in St. Emmeran.

Meine Trauerrede war auch bei Roswitha auf unsere gemeinsame Schul- Sturm- und Drangzeit aufgebaut.

Da standen wir dann wieder. Langsam glichen wir einem Häufchen Elend.

Uns blieb nur eine kurze Verschnaufpause. Am 4. März 2008 verstarb unsere Sonja. Dieser Nackenschlag schmerzte, obwohl wir schon lange wussten, dass sie sehr schwer erkrankt war.

Mit Sonja hat mich persönlich viel verbunden. Wir sind im gleichen Wohnviertel aufgewachsen. Gerade mal zwei Straßen entfernt. Die Kindheit, die Schulzeit, unsere Jugend (da haben wir es ganz schön Krachen lassen), die zahlreichen Plaudermomente mit Sekt und Kuchen hinten in ihrer Reinigung. Alles lief bei der Nachricht ihres Todes in Erinnerung vor meinen Augen ab. Wir haben viel zusammen gelebt und erlebt. Warum denn Sonja, nimmt denn das kein Ende?

Es war kalt, als wir uns auf dem Friedhof in Bopfingen trafen. Die Kirche war bis zum letzten Platz gefüllt. Sonja war bekannt und beliebt. Wieder konnte ich ihr nur unsere Gedanken an unsere gemeinsame Zeit in der Trauerrede auf ihrem letzten Weg mitgeben.

Wieder saß danach eine Gruppe Ehemaliger, dieses Mal im Café Dietz in Bopfingen, blass und durchgefroren zusammen.

Wenn das so weiter geht, dann können wir uns ausrechnen, ab wann sich unsere schöne Gemeinschaft quasi in Luft auflöst. Das waren so unsere Gedanken.

Auf zu neuen Ufern

Nach all den traurigen Episoden fragten wir uns, was uns das sagen will. Es sagte uns: „Lasst uns unsere schöne Gemeinschaft genießen!"

Das taten wir dann auch. Wir erfreuten uns 2007 an einer Tagesfahrt in das Altmühltal. Zunächst stärkten wir uns im Hotel drei Kronen in Donauwörth bei einem gemeinsamen Frühstück und fuhren dann mit den Autos weiter in den Naturpark Altmühltal.

Auf der Rosenburg verfolgten wir eine Flugschau mit Greifvögeln, wir schipperten mit dem Boot über die Donau und trafen uns abends in Oettingen im Hotel Krone zum gemeinsamen Abendessen. Zu diesem Abendessen gesellte sich der Rest unserer Gruppe. Einige konnten nämlich an dem Tagesausflug nicht teilnehmen. So saßen wir abends in einer richtig fröhlichen Runde zusammen, hatten viel Spaß und plauderten über Gott und die Welt.

Zu unserem letzten Stammtischtreffen im November 2007 kam eine neue Überraschung auf uns zu. Dieses Mal etwas sehr Erfreuliches. Gabi aus Tirol lud uns zu sich nach Telfs ein. Wir sollten alle einmal ihre neue Heimat kennenlernen. Gabi ist zwar schon sehr lange weg von Nördlingen, doch

der Kontakt zu ihren ehemaligen Schulfreundinnen ist nie ganz abgerissen. Sie besuchte unseren Stammtisch, sie war bei fast allen Klassentreffen anwesend und wollte jetzt, dass wir einmal zu ihr kommen. Diese Einladung haben wir gerne angenommen.

Tirol wir kommen

Gabi buchte für uns ein schönes Wellnesshotel, in dem es uns an nichts fehlte. Und so fuhren wir vom 17. bis zum 19. Mai 2008 mit mehreren Autos und siebzehn Teilnehmerinnen nach Österreich. Es war eine schöne Fahrt. Unterwegs legten wir an einem idyllischen Platz eine Pause ein. Jede hatte Leckereien eingepackt. Es entstand ein richtig kleines Frühstücksbuffet. Bei Gabi angekommen wurden wir von ihr mit Tiroler Spezialitäten verwöhnt. Speck-, Kas- und Spinatknödl. Da konnte der Popo nicht rosten. Zu diesem herrlichen Schmaus mundete uns Bier und Wein.

Im Hotel hieß es dann nur noch verwöhnen. Ein schöner Wellnessbereich sorgte für Abwechslung und Entspannung. Der Whirlpool auf der Dachterrasse war wie geschaffen für unsere fröhliche Gruppe.

In den zwei Tagen erkundeten wir die schöne Umgebung von Telfs. Wir wanderten zu einer Hütte und ich kann euch sagen, der Hüttenzauber hatte es in sich. Allerdings, es gab auch Schreckmomente. Marianne schwächelte mal wieder. Dieses Mal war es kein Sonnenstich. Der Aufstieg zur Hütte ist ihr nicht bekommen. Ihr „Schnauferle" schaffte es fast nicht mehr. Die Lippen waren blau, das Gesicht schneeweiß. Arzt wollte sie keinen. Sie erholte sich nur langsam und musste die nächste Zeit kürzer treten. Diese

Atemnot war nicht das erste Mal. Immer wieder konnte man beobachten, dass etwas mit ihrer Atmung nicht stimmte. Später sollte sich herausstellen, dass beide Zwillinge durch einen Gendefekt mit einer Lungenerkrankung zu kämpfen haben.

Am nächsten Tag fuhren wir mit dem Zug nach Innsbruck, schlossen uns einer Stadtführung an und bummelten bei strahlendem Sonnenschein durch die Altstadt, saßen im Straßencafe und ließen es uns einfach nur gut gehen.

Die drei Tage waren zwar schnell vorbei, doch wie immer haben wir lange von dieser Reise gezehrt.

Neue Hiobsbotschaft

Ruhig wurde es nicht. Kaum Zuhause flatterte uns eine Todesanzeige ins Haus. Wir erhielten im Juni 2008 die Nachricht, dass Renate verstorben ist. Unsere Renate aus der Löpsinger Straße, bei der wir während der Schulzeit oft unsere Freizeit verbracht haben. Sie hatte damals ein Zimmer für sich, das mit wunderschönen, neuen Schleiflackmöbeln eingerichtet war. Damals ganz modern, der totale Renner.

Sie war bei uns in der Jugendgruppe, besuchte mit uns die Handelschule. Mit ihr konnte man Pferde stehlen. Wir haben in unserem pubertierenden Alter wirklich viele schöne Stunden gemeinsam erlebt und auch vieles zusammen ausgeheckt, was nicht unbedingt so stubenrein war. Damals gesehen, im Nachhinein total harmlos.

Wir haben uns allerdings sehr früh aus den Augen verloren. Renate ging schon bald nach der Schule beruflich in den Raum Stuttgart. Sie kam zwar anfangs noch am Wochenende nach Nördlingen, doch das wurde immer spärlicher. Eine erste große Liebe ging leider in die Brüche. Darunter litt sie sehr. Sie heiratete sehr jung, wie die meisten von uns und schenkte einer Tochter das Leben. Einige von uns wohnten damals der Trauung in St. Salvator bei. Ab und zu erfuhren wir über ihre Mutter, wie es ihr ging. Sie selbst aber haben wir kaum noch gesehen. Leider kam sie nie zu unserem Klassenstammtisch und nahm auch nie an einem Klassentreffen teil. Vergessen aber haben wir sie nicht. Viel später erfuhren wir, dass sie sehr schwer an Asthma erkrankt war. Diese Krankheit führte auch zu ihrem frühen Tod. Die Nachricht von ihrem Tod erreichte uns erst nach allen Trauerfeierlichkeiten. Es blieb uns nur noch, ihrer Mutter einen Trauerbrief als unser Gedenken zu schicken.

Reise nach Hamburg

Langsam rückte das Jahr 2009 heran. Der Fünfjahressprung. Hurra, es geht wieder einmal auf große Fahrt. Obwohl wir im letzten Jahr drei Tage in Tirol waren, so sollte doch der alte Reiserhythmus beibehalten werden.

Hamburg wurde ausgewählt. Eine Hafenrundfahrt, Stadtrundfahrt, eine „Nachtschicht" in St. Pauli und der Besuch eines Musicals standen auf dem Programm.

Am 22. Mai 2009 um 5:30 Uhr ging es mit dem Reiseunternehmer ab nach Hamburg. Siebzehn Teilnehmerinnen tummelten sich rechtzeitig auf dem Busbahnhof. Wie immer war die Stimmung bombig, obwohl das Wetter nicht so bombastisch aussah. Aber was soll schon unsere Stimmung trüben? Bevor der Bus so richtig in Fahrt kam, fuhr er erst noch einige Abholstellen in der Umgebung an. Reisende stiegen zu und das passte uns nicht so ganz. Wir waren von der Berlinreise verwöhnt, da gehörte der Bus uns ganz allein. Dann fing es auch noch an, zu regnen. Regen empfing uns auch in Hamburg. Halleluja, das trübte etwas das Gemüt der „Ehemaligen". Aber wir wären nicht wir, wenn das von Dauer gewesen wäre.

In Hamburg angekommen spannten wir einfach keine Schirme auf und siehe da, der Regen ließ nach. Wir bummelten durch die Stadt, saßen im Café, bezogen später etwas außerhalb unsere schönen Zimmer. Da war die Stimmung wieder ganz gelöst. Abends teilte sich die Gruppe. Die einen fuhren mit dem Taxi nach Hamburg in ein Fischlokal und schwärmten nachts in St. Pauli aus, wieder andere vergnügten sich im Hotel. Der nächste Tag startete nach dem Frühstück mit einer sehr interessanten Stadtrundfahrt. Danach ging es direkt in das Musical „Höhle der Löwen" oder „Ich war noch niemals in New York". Es waren sehr schöne Veranstaltungen. Wir merkten allerdings mal wieder, dass wir langsam alt wurden, bzw. schwächelten. Es sind doch tatsächlich zu Beginn der Show einige von uns eingeschlafen. Wir schliefen zum Teil tief und fest. Es war warm im Theater und so schön dämmerig das Licht. Wie geschaffen für einen ausgiebigen Nachmittagsschlaf. Zwar teuer, wenn man den Eintrittspreis rechnet, aber man gönnt sich ja sonst nichts. Na ja, die weite Fahrt, die kurze Nacht, viele Unternehmungen tagsüber, da verlangt der Körper irgendwann sein Recht. Inzwischen war es auch noch so richtig warm geworden. Da kann das schon passieren. Den größten Teil der Veranstaltung aber erlebten wir alle mit großer Freude. Nach der Show waren wir wieder fit. Die Gruppen trafen sich zu einem Besuch in einem urigen Hamburger

Lokal. Das Essen konnte sich sehen lassen und der Abend war lustig und vergnügt.

Am anderen Tag stand schon wieder die Abreise vor der Tür. Vorher erlebten wir aber noch eine schwungvolle Hafenbesichtigung. Wir schlenderten über den Fischmarkt, genossen die herrlichen Sonnestrahlen in kleinen Kneipen und Cafés an der Hafenpromenade, ehe wir dann nachmittags wieder in den Bus stiegen und es uns dort bequem machten. Eine richtige Stimmung kam nicht auf. Irgendwie war bei allen die Luft raus. Wir waren müde, kaputt und die Hitze machte uns zu schaffen. Es wurde von Stunde zu Stunde heißer in dem Bus. Alles schnappte nach Luft und jammerte. Auch unsere Mitreisenden. Es stellte sich heraus, dass die Klimaanlage im Bus ausfiel. Na Bravo, da kam Freude auf. Obwohl wir öfter mal eine Pause einlegten, war es eine an-

strengende Rückreise. Wenn ich da an Berlin denke, kann ich nur sagen, auf der Reise nach Hamburg war das Altersheim unterwegs. Wir waren aber erst fünfundfünfzig Jahre alt, wie sollte das denn weitergehen. Ich ahnte Übles, das sind doch nicht wir. Wo war unser Schwung, unser Elan?

Jubiläumsfahrt

Unserer aufmerksamen Margot ist es nicht entgangen,

Von kleinen und großen Mädchen

Nördlingen Der Jahrgang 1953/1954 der katholischen Mädchenvolksschule Nördlingen war ein besonderer: Es war die erste Einschulung am 6. September 1960 in der neu geordneten Mädchenvolksschule in der Judengasse in Nördlingen. Bei einer Wellness-Tour in den Bayerischen Wald feierte die Gruppe jetzt den 50. Jahrestag ihrer Einschulung.

Als letzter Jahrgang des achtklassigen Schulsystems wurden die Mädchen im Jahr 1968 aus der Schule entlassen. Seit 1974 trifft sich die Klasse regelmäßig. Das erste Klassentreffen war im Jahr 1974 und man beschloss, dass künftig alle fünf Jahre ein Klassentreffen in Nördlingen stattfinden solle. Die beiden Initiatorinnen Brigitta Minder und Petra Quaiser haben diese Sache in die Hand genommen und mit großem Einsatz immer wieder diese Klassentreffen organisiert. So traf man sich 1974 im Cafe Grimm, 1979 im Cafe Altreuter, 1984 im Hotel Schützenhof und 1989 im Gasthaus zum Roten Ochsen.

Mitschülerin in Wien

Für 1994 war die Gruppe zu einer Schulkollegin nach Wien eingeladen. Johanna Hafner, ebenfalls eine ehemalige Schulkollegin, hatte es beruflich nach Wien verschlagen und sie machte den Vorschlag, doch einmal das Klassentreffen in Wien auszurichten. Vom 13. bis zum 15. Mai 1994 erlebte man herrliche drei Tage in einer wunderschönen Klassengemeinschaft. Diese Tage haben die Gruppe sehr geprägt und noch mehr zusammengeschweißt. Fünf Jahre später fand das Treffen wieder in Nördlingen statt und es wurde eine „Reise in die Vergangenheit", denn die Gruppe wiederholte den

Ausflug der ersten Schulklasse im Jahr 1961 nach Harburg zu Burgbesichtigung, Kaffee und Kuchen in der Burgschänke und der Abschluss war in Nördlingen im Rotochsenkeller auf der Marienhöhe.

2004, als alle ehemaligen Schülerinnen 50 Jahre alt wurden, fand die Bundeshauptstadt Berlin den Zuschlag für einen gemeinsamen Ausflug. Brigitta Minder, Petra Quaiser und der „Vergnügungsausschuss" Gerlinde Hampel und Marianne Bauer hatten diese Reise vom Feinsten vorbereitet und die Gruppe verbrachte drei herrliche Tage in Berlin.

Dazwischen kamen aber auch sehr traurige Momente. So nahm man im Jahr 2002 auf dem Friedhof in Nördlingen Abschied von der ersten Klassenkameradin und rief an diesem Tag den Klassenstammtisch ins Leben. Vereinbart wurde, sich

künftig regelmäßig jeden ersten Freitag im ungeraden Monat ab 19 Uhr in der Gaststätte Jägerstüble in Nördlingen zu treffen. Alle ehemaligen und besonders die auswärtigen Schulkolleginnen wurden informiert und dieser Klassenstammtisch wurde von allen sehr gut angenommen.

Noch mehr Unternehmungen

Durch diesen Klassenstammtisch wurde jetzt natürlich noch mehr geplant, organisiert und auch unternommen. Einladungen von auswärtigen Ehemaligen kamen und wurden auch angenommen. So war die Gruppe 2006 in Tübingen, 2007 im Altmühltal und 2008 in Telfs in Tirol. 2007 und auch 2008 wurde auf verschiedenen Trauerfeiern das Ableben von vier weiteren ehemaligen Schulkolleginnen bedauert.

Bis zum heutigen Tag hat diese 1.

Klasse seit der Einschulung am 6. September 1960 immer mehr zusammen gefunden. Und obwohl ab der 4. bzw. 6./7. Klasse einige Schülerinnen auf weiterführende Schulen abgewandert sind, ist der Kontakt zur „Stammklasse katholische Mädchenvolkschule" nie ganz abgerissen. Es ist im Laufe der vergangenen 50 Jahre eine Gemeinschaft entstanden, die nicht wieder so schnell zu finden ist. Sie waren bei der Einschulung 52 „kleine Mädchen" und der Stammtisch besteht aus einem harten Kern von rund 20 „großen Mädchen".

Für die Zukunft ist noch Vieles in Planung. Dazu gehört ein kleines Buch, das derzeit in der Entstehung ist mit dem Titel „Die kleine Schulerbank". Auch weitere Reisen und Treffen stehen auf dem Programm und für das hohe Alter vielleicht sogar eine Alters-WG ... (pm)

Ehemalige Erstklässlerinnen der Mädchenvolksschule in der Judengasse, die im Jahr 1960 eingeschult wurden, treffen sich regelmäßig zu einem Stammtisch in Nördlingen. Foto: privat

dass sich am 6. September 2010 der Tag unserer Einschulung zum fünfzigsten Male jährte. Sie hat dem Vergnügungsausschuss wie ein Vögelein diesen besonderen Tag ins Ohr geflötet, und zwar wie folgt:

Einschulung unseres oberaffengeilen Jahrganges war der 6. September 1960 – was sagt euch das???!!!

Es sagte uns sehr viel. Dieses Jubiläum sollte natürlich besonders gewürdigt werden. Wie? Ganz klar, mit einer Jubiläumsfahrt und einem Artikel in den Rieser Nachrichten, unserer Heimatzeitung. Rahmen wem Rahmen gebührt, lautete unsere Devise.

Weil wir etwas ganz Besonderes sind, wollten wir diesen Tag nicht nur mit einer Fahrt krönen, wir wollten uns etwas Außergewöhnliches einfallen lassen. Meine Gehirnzellen ratterten ganz extrem. Da ich schon immer gerne schreibe, wollte ich eine kleine Zeitung mit Berichten über unsere schöne „Klassengemeinschaft" ins Leben rufen. Dazu brauchte ich aber die Unterstützen der Ehemaligen.

Ich bat in einem kurzen Anschreiben alle Mädels, zu unserem nächsten Stammtisch am 7. Mai 2010 alle möglichen Unterlagen und Bildmaterial ab dem 6.9.1960 mitzubringen. Egal ob Handarbeit, Sport, Zeichnen, Ausflüge, Religion, Kirchgang, Kommunion, unsere spezielle Klassentreffen usw. Ich wollte alles sammeln, sortieren und eine tolle Zeitung daraus erstellen. Eine Schulzeitung, nur für uns zur Erinnerung und für die Presse. Wir sind ein so toller Haufen, dachte ich und das muss Publik gemacht werden.

Die Krönung aber wird unsere Reise sein, die wir für den 4./5. September 2010 planten. Dieses Mal ging es in den Bayerischen Wald nach Bodenmais ins Wellnesshotel Riederin.

2010/09/04 08:33

Die Zimmer wurden gebucht, die Route erstellt, Fahrzeuge mit Fahrer ausgewählt und am frühen Morgen des 4. Septembers 2010 startete die Jubiläumsfahrt. Es war ein Verwöhnhotel pur. Zwar nur eine Nacht und leider nur ein kleiner Kreis, aber wir lebten dort wie die Maden im Speck. Uns begleiteten der Sonnenschein und eine große Freude im Herzen. Die Reisegruppe war nicht so groß wie sonst, weil es sehr kurzfristig organisiert wurde, aber es war auch im kleinen Rahmen sehr lustig.

Einige Tage später brachte die Heimatzeitung einen großen Artikel über unsere kleinen und großen Unternehmungen. Dieser Artikel sollte der Start für unsere „Schulzeitung" sein. Alles wollte ich darin festhalten zur Erinnerung an unsere schöne Gemeinschaft. Es wurde keine Zeitung, es wurde dieses Buch daraus mit dem Titel: „Unsere kleine Schülerbank – einst in Nördlingen stand"

Ein turbulentes Jahr 2011

Ursprünglich lief alles seinen ruhigen Gang. Ich sammelte und sortierte schon mal alles, was ich so an Bildern und Informationen für die „Schulzeitung" bekommen habe. Unsere regelmäßigen Treffen im Jägerstüble fanden statt. Ich erlebte ein besonderes bzw. schreckliches Highlight. Ich hatte im Juni einen Haushaltsunfall. Durch ein Telefongespräch abgelenkt, verließ ich meinen Herd, auf dem ein Topf mit Fett stand. Das Ergebnis kann sich jeder vorstellen. Das Fett fing Feuer. Ich deckte zwar einen Deckel darauf, wollte den Topf auf die Terrasse stellen. Die Terrassentüre war zu, ich wurde unsicher, der Deckel verrutschte, das Feuer schoss erneut in die Höhe. Die Gardine fing Feuer, mein Hund bellte. Ich brachte den Hund raus, rannte zurück, statt das Feuer zu löschen, riss ich an der brennenden Gardine, dabei verbrannte ich mir meinen rechten Arm. Drei Wochen verbrachte ich im Krankenhaus, kam mir vor wie ein gegrilltes Hähnchen und hatte starke Schmerzen.

Meine liebe Schulfreundin Margot hat mich in dieser Zeit immer wieder besucht und aufgemuntert. Dafür bin ich ihr heute noch dankbar.

Für die zweite Jahreshälfte stand an Unternehmungen noch einiges auf dem Programm des Klassenstammtisches.

Unser Vergnügungsausschuss, das Zwillingspärchen, befand sich zwecks ihrem „Schnauferle" auf Kur, waren aber wieder mit dabei, als die geplanten Aktivitäten starteten.

Am 12. August waren wir bei Johanna zur Grillparty eingeladen. Johanna war im Jahr 1973 nach Wien gezogen, wollte dort ursprünglich nur ein Jahr bleiben. Aus einem Jahr wurden fünfunddreißig Jahre. Beruflich und später geschäftlich sehr erfolgreich verkauften sie und ihr Mann Werner das Unternehmen und entschlossen sich, im Januar 2008 wieder in die alte Heimat zurückzukehren um dort ihren Ruhestand zu genießen. Seit Juni 2019 ist Johanna nun auch wieder deutsche Staatsbürgerin und somit hat sich der Kreis wieder geschlossen.

Am 12. August nun waren wir ihre Gäste, besichtigten ihr neues Domizil und ließen uns vom Grillmeister Werner verwöhnen.

Am 7. Oktober 2011 setzte sich der Verwöhnreigen bei Anita fort. Sie betrieb mit ihrem Mann Joschko seit vielen Jahren ein Speiselokal in Bopfingen. Dort standen kroatische und dalmatinische Spezialitäten auf der Speisekarte. Anita kochte und sie kochte perfekt. Meistens zwei Mal im Jahr trafen wir uns bei Anita und Joschko. Es waren immer sehr schöne Abende. Anita hat sich zu späterer Stunde immer auf einen Plausch zu uns gesellt. Nicht aber ohne uns vorher mit einer herrlichen Nachspeise zu verwöhnen. So also auch an diesem 7. Oktober.

Einige Woche vorher hatte ich schon für den 19. September unsere „Fahrt ins Blaue" angekündigt. Es war eine Fahrt nach Würzburg vorgesehen. Der Tipp kam von Anita. Ihr Sohn lebte dort, ihr war die Stadt bekannt und so konnte alles einfach organisiert werden. Der Stammtisch wusste nur soviel, dass es ins Frankenland geht, und zwar mit dem Pkw.

Wie immer wurden Fahrzeuge und Fahrer eingeteilt und um sieben Uhr war Abfahrt am Busbahnhof in Nördlingen. Die Fahrt ging nach Veitshöchheim, wo wir in einem Café zum Frühstück angemeldet waren. Das Frühstück war vom

Feinsten, die Lebensgeister waren geweckt und nun erfuhren alle, wohin die Reise ging.

Wir schipperten mit dem Schiff weiter auf dem Main nach Würzburg, besichtigten die Stadt, bummelten durch die alten Gassen und genossen die Annehmlichkeiten, die sich uns anboten. Am späteren Nachmittag fuhren wir mit dem Bus zurück zu unseren Fahrzeugen, die wir in Veitshöchheim geparkt hatten. Das Abendessen fand in Dirgenheim im Landgasthof zum Kreuz statt. Von dort aus waren es nur noch einige Kilometer bis zurück nach Nördlingen. Wie bei uns üblich fand sich zu diesem gemeinsamen Abendessen der Rest der Gruppe ein, der tagsüber keine Zeit hatte um an dem Ausflug teilzunehmen. Ein schöner, aber auch anstrengender Tag fand einen gemütlichen Abschluss.

Am 4. November 2011 ließen wir das Stammtischjahr ausklingen. Das ist immer im November und da findet eigentlich auch unsere Weihnachtsfeier statt. Unsere Wirtin grillte für uns die Weihnachtsgans und einige von uns übten

sich in der Backkunst und brachten Plätzchen mit. Der Tisch war weihnachtlich dekoriert und es kam wie immer ein schönes Feeling auf.

Zum Ausklang dieses Stammtischjahres erfuhren wir auch noch, dass erneut eine ehemalige Mitschülerin verstorben war. Es war unsere Ingrid aus der Nürnberger Straße. Sie war schon in der Schulzeit immer etwas eine Einzelgängerin. Man hatte kaum Kontakt zu ihr und nach der Schulzeit ist dieser Kontakt ganz abgebrochen. Auch sie hat nie auf ein Anschreiben oder eine Einladung zum Klassentreffen reagiert. Dass aber auch sie nicht mehr unter uns weilt, hat uns sehr getroffen, weil es doch wieder jemand aus unseren Reihen war und diese Reihen immer lichter wurden.

Die Luft ist raus

Ab dem Jahr 2012 wurde es still um unseren sonst so emsig summenden, brummenden „Bienenschwarm". Warum, ich wusste es nicht. Vieles kam zusammen. Das Leben besteht eben immer aus Veränderungen. Nichts bleibt, wie es ist. So auch bei unseren Ehemaligen.

Es traf etwas ein, mit dem ich nie gerechnet hatte. Unser Klassenverbund schwächelte. Waren wir tatsächlich alt geworden? Alle kamen mir lustlos vor, meine Wenigkeit inbegriffen, denn so ganz allein den Organisator spielen, wenn keine Impulse von außen kommen, das gefiel mir auch nicht.

Zwar trafen wir uns immer noch regelmäßig jeden ersten Freitag im ungeraden Monat, doch Pläne, außergewöhnliche Reisen für einen oder mehrere Tage standen nicht mehr an. Es kam einmal noch der Gedanke auf, mit dem Bus nach Kroatien zu fahren. Anitas Mann Joschko ist von Pakostane. Sie kennen sich dort sehr gut aus und hätten das für uns organisiert. Wir planten schon mal grob, eine Woche zu reisen, denn bei 1000 km Anfahrt lohnen sich zwei oder drei Tage nicht. Mit dem Bus ab Ulm, das könnte schon ganz lustig sein bei unserem Haufen. Auch schwebte uns immer noch die sechzigerer Reise im Jahr 2014 durch die Köpfe. Da würden wir alle sechzig Jahr alt werden. Eine große Reise würde also wieder auf dem Programm stehen. Johanna machte den Vorschlag, zu diesem Anlass nach Ibiza zu reisen. Sie hat dort ein großes Haus, würde für uns einiges organisieren. Da müssten wir dann fliegen. Das wäre auch mal etwas. Einiges also stand im Raum. Doch zustande kam gar nichts, nicht mal eine besondere Reaktion auf die Vorschläge. Unser Tanz auf dem Broadway mit sechzig, der noch während unserer fünfziger Reise nach Berlin durch unsere Köpfe spukte, würde also auch nicht stattfinden. Vielleicht geht der Plan auf mit siebzig auf dem Bodensee zu schippern und mit achtzig Bad Wörishofen unsicher zu machen.

Obwohl, ich glaubte in dieser Zeit fast nicht mehr daran, so lahm wie bei uns alles geworden war.

Ich war enttäuscht. Weniger von den anderen, mehr von mir selbst. Wir waren alt geworden und das mit siebenundfünfzig Jahren. Die Luft war raus. Sie war total raus. Jeder schwächelte, einige kämpften gegen mehr oder weniger Wehwehchen und gegen Lustlosigkeit. Der große Einbruch aber kam auch daher, dass unvorhersehbare Dinge geschahen, schwere Krankheiten die eine oder andere Schulfreundin heimsuchten.

Alle Initiatoren, die mit mir bei der Planung und Organisation sonst durch dick und dünn gingen, waren wegen Krankheit ausgefallen. Da ließen die Kräfte, aber auch die Motivation und das Interesse nach. Was ich gut verstehen konnte.

Auch meiner Brigitta, die trotz ihrer Krankheiten immer mit dabei war, wenn es darum ging, für den Klassenstammtisch etwas zu organisieren, fehlte der Schwung. Kein Ersatz bot sich an, mit mir die Schiene zu fahren und allein, ja allein, das machte kaum Spaß.

2012 ging dann auch noch unsere Frau Wirtin in ihren wohlverdienten Ruhestand. Stammlokal Ade!!! Wir gingen auf Suche und wurden fündig. Gar nicht so einfach ein Lokal zu finden, das ein kleines, abgeschlossenes Nebenzimmer hat, in dem wir ungestört plaudern können. Bei unserem Temperament und unserer Lautstärke könnte es sein, dass wir andere Gäste stören, bzw. wir wollen nicht, dass andere mitbekommen was wir so „treiben"! Aber, wir wurden fündig und landeten nach langem Hin und Her im Gasthaus zur blauen Glocke in Nördlingen. Schön urig ist es dort, es hat uns zugesagt. Da waren wir unter uns. Aber, wir mussten eine steile Treppe nach oben kraxeln. Nicht gerade aufbauend für die Fußkranken, Übergewichtigen und für die, wo einfach das Schnauferle etwas versagt. Na Bravo dachte ich mir, auf Dauer wird das nicht gehen. Aber wie es eben so ist im Leben, vieles regelt sich von alleine, man braucht gar nichts dazu zu tun. Diese tollen Wirtsleute haben doch tatsächlich einfach einmal unsere Räumlichkeiten an eine große Gesellschaft vermietet und wir standen da und hatten keinen Platz. Keiner hatte uns informiert. Die haben uns einfach unterstellt, wir hätten nicht reserviert.

Das macht man nicht mit uns. Und dann noch in einer arroganten Art und Weise. Die sahen uns nicht wieder. Wir marschierten also los wie die Hühner und suchten uns für diesen Abend einen anderen Stall. Für später testeten wir dann das Hotel am Ring und ernannten es zu unserem künftigen Klassentreffpunkt. Dort waren wir sehr gut untergebracht. Auch wenn die Küche manchmal zu wünschen übrig ließ. Je nach Laune des Kochs wahrscheinlich.

Abschied von der Frau Wirtin
im Jägerstüble

Alles hat ein Ende nur die Wurst hat zwei, so heißt es doch oder? So ein Ende kam im März 2012 auf uns zu. Unsere Wirtin Ingrid schloss ihr Restaurant Jägerstüble. Das bedeutete Abschied nehmen und ein neues Domizil für unseren Klassenstammtisch suchen. Wir haben das sehr bedauert, aber die Zeit war reif. Der Ruhestand winkte und so verabschiedeten wir unsere Frau Wirtin mit einer zünftigen Abschiedsfeier, einem kleinen Rückblick in Versform und einem herzlichen Dankeschön.

LEB WOHL FRAU WIRTIN!

2002 wurde dieser Stammtisch geboren und wir haben die Wirtin vom Jägerstüble auserkoren, sich regelmäßig an uns zu erfreun, für uns zu kochen, uns hören zu lachen und des eine und andere Spässle mit uns zu machen.

Jeden ersten Freitag im ungeraden Monat, da fanden sie sich ein, die ehemaligen der katholischen Mädchenvolksschule, mei wie war das fein.

Wir waren für uns, ganz allein im Nebenzimmer, so was wie uns, das bekam die Wirtin nimmer.

Gern waren wir hier in froher Runde, verbreiteten so manch neue Kunde.

Wir lachten und trieben so unseren Spaß, da wurde sogar manches Höschen nass!

Ingrid die Wirtin, die hat sich über uns gefreut, gut drauf war sie net immer, doch wer ist das schon heut!

Unser Wunsch war Ihr Befehl, dass ihr das manchmal nicht passte, daraus machte sie keinen Hehl.

Sie kannte uns ja und dachte sicher manchmal bei sich, so ganz sauber sind die alle nicht.

So ganz sauber wollen wir auch nicht unbedingt sein, es genügt, dass wir die Elite sind, da gehören wir rein!

Das Essen war super, es hat uns geschmeckt, Portion und Preis, das hat sich gedeckt.

Gänsebraten zur Weihnachtsfeier im November, das war ein Schmaus, danach unsere Plätzchen, die waren nicht vom Haus.

Eines aber hat die Wirtin nie unter den Hut gebracht, Eiskaffee auf die Nacht a la Card, das hat nie geklappt!

Marianne, unsere Beste, hat immer wieder vom Eiskaffee angefangen und ist damit der Wirtin auf die Nerven gegangen!

Gekocht hat sie gut, vielmehr die Küchenmamsell, die Wirtin war im Gastraum Meister, Stift und Gesell!

Sie hat gewerkelt, getan und gemacht, viele lange Stunden im Lokal verbracht.

Sie hat ihren Laden ganz alleine geschmissen und keiner durfte ihr an den Randstein „singen"!

15 Jahre hat sie im Jägerstüble ihre Gäste verwöhnt und sich selbst wenig Ruhe gegönnt.

Der Männerstammtisch, der Frauenverein, alles ging hier aus und ein.

Konfirmation und Kommunion, egal welche Glaubensrichtung, was macht das schon.

Geburtstage Jubiläen, große und kleine Feste, Ingrid gab für Ihre Gäste nur das Beste!

Wie doch die Jahre vergehn so geschwind, wir kennen die Wirtin, da war sie Jugendliche und wir noch ein Kind.

In strenger schwarzen Kluft mit weißer kleiner Schürze beim Steingass, da hat sie uns die Wiener serviert, die hat uns damals ab und zu die Oma spendiert.

Schon damals konnte man erkennen, die will und muss im Service rennen.

Gastronomie das ist ganz einfach Ihre Welt, egal auch wenn's nicht immer gefällt.

Sie war so frisch, so geradeheraus und machte den frechen Gästen ganz schön den Garaus.

Sie hatte das Herz auf dem rechten Fleck und anbrennen ließ sie nichts, das kümmerte sie nen Dreck!

Und das kam an, bei den Gästen war sie beliebt, und niemals war sie so richtig betrübt.

Sie konnte lachen und ein Schwätzle halten, bei den Jungen und auch bei den Alten.

Im Lamm, im Deutschen Haus, bei vielen Veranstaltungen, egal ob in Stadt oder Land, die Weiss Ingrid war bei allen bekannt. Sie war da, ob abends oder am Morgen, wenn es darum ging, Gäste mit Essen und Trinken zu versorgen.

Einmal hat man ihr ganz böse mitgespielt als man ihr das Goldene Lamm nicht zur Pacht überließ.

Der Verpächter hat sich mit dieser Fehlentscheidung ins eigene Fleisch geschnitten, denn diese Gaststätte läuft seither beschissen!

Die Ingrid war traurig, war richtig entsetzt und hat ganz ordentlich die Messer gewetzt.

Sie fackelte nicht lange, hat ihre Sachen gepackt und im Jägerstüble eine Gaststätte aufgemacht.

Hier war es überschaulich, das schaffte sie allein, Schluss mit dem Ärger, das andere sollte eben nicht sein.

Sie war mit Leib und Seele Bedienung und Wirtin, es hat ihr Freude gemacht, die Füße haben dabei nicht immer gelacht. Würde sie jetzt am Ende ihrer Laufbahn statt Rente Kilometergeld bekommen, dann wäre sie sicher ganz benommen und wüsste gar nicht wohin mit dem Geld, also ist es gut, dass sie unter die normalen Rentner fällt.

Wenn sie jetzt mit 65 Jahren sagt, jetzt ist es genug, jetzt verlass ich hier diese Wirtshausstub, dann können wir das zwar gut verstehn, lassen sie allerdings nicht gerne gehn!

Was wird jetzt aus uns, wo können wir uns treffen, die Wirtin hat leider keinen Neffen, der hier das Jägerstüble übernimmt, jetzt schaun wir alt aus, ganz bestimmt!

Egal was jetzt aus uns wird liebe Wirtin, wir laden Dich herzlich ein, während Deines Rentnerdaseins bei uns mal Gast zu sein, in unserer schönen alten Runde, sei stets willkommen in diesem Bunde. Lass dich mal anschaun und sag uns wie es dir geht und was dich nun im Ruhestand so bewegt.

Vielleicht hast du jetzt Zeit und Lust um auf Männerfang zu gehn, so ne neue Liebe, das wäre doch ganz schön?!

Die Rente sie reicht, das Haus ist bezahlt und nicht gemietet, jetzt schau ruhig mal, was der Markt noch so bietet.

Und sollten im Alter die Hochzeitsglocken läuten, dann streuen wir die Blumen und stehen Spalier und trinken gerne auf dein Wohl ein Glas Bier.

Du weiß ja, wir sind zu jedem Schabernack bereit, des wäre für uns ne richtige Freud!

Da sind wir dabei, da kennen wir nix, überlegs dir, das wäre doch wirklich der Witz!

Und wenn du jetzt denkst, die sind doch verrückt, dann mach einfach das, was dich entzückt.

Tu das was dein Herz begehrt, mach täglich Deinen Dauerlauf, das ist nicht verkehrt, genieße den Abend endlich zu Haus, schau träumend aus dem Fenster hinaus und denk an alte Zeiten zurück, für die Zukunft aber wünschen wir Dir Glück, Freude, Gesundheit und noch viele Ideen, die Zeit hier im Jägerstüble war für uns alle schön.

Wir sagen Danke, ein neuer Abschnitt beginnt, für Dich für uns, wer weiß, was er bringt!

Lebwohl Wirtin, wir werden dich nicht vergessen und denken sicher bei dem einen oder anderen Süpple, immer mal wieder an die Wirtin aus dem Jägerstüble

Machs guat Mädle!!!!!!!
Nördlingen, im März 2012

Dein treuer Klassenstammtisch

Die ein(ehe)maligen der katholischen Mädchenvolksschule Nördlingen Jahrgang 1953/54 (Verfasserin Petra Quaiser)

Goldene Kommunion

Fast auf den Tag genau am 20. April 2013 feierte der Jahrgang 1953/54 in der Salvatorkirche in Nördlingen das Fest der Goldenen Kommunion.

Vor fünfzig Jahren? Am 21. April 1963, war es für dreiundvierzig Mädchen und vierzig Jungen in Nördlingen endlich so weit. Nach wochenlangen Vorbereitungen, viel Aufregung und der schlaflosen Nacht vor der ersten Beichte, feierten sie gemeinsam mit ihren Familien das Fest der ersten heiligen Kommunion. Die kleinen Mädchen in ihren schönen weißen Kleidern, mit dem Krönchen im Haar und einem zierlichen Täschchen an der Hand. Die Jungs wie kleine Kavaliere ihn ihren dunklen Anzügen, der Scheitel im Haar war wie mit einem Lineal gezogen. Festlich war der Einzug vor fünfzig Jahren durch den langen Gang der Salvatorkirche bis vor zum Altar. Stolz trugen die Kinder ihre schmalen langen Kerzen und genossen es, an diesem Tag im Mittelpunkt zu stehen.

Warum sollte man diese feierliche Zeremonie nach fünfzig Jahren nicht einfach noch einmal aufleben lassen, dachte sich der Klassenstammtisch der Ehemaligen der katholischen Mädchenvolksschule Nördlingen Jahrgang 1953/54. Gerlinde hatte die Idee, hat sie an mich weitergegeben und gemeinsam mit Brigitta starteten wir drei in die Vorbereitung „Goldene Kommunion"!

Das war gar nicht so einfach. Wo finden wir wen nach fünfzig Jahren? Wie wird die Resonanz sein, lässt sich so etwas überhaupt durchziehen? Beschlossen war, gemeinsam, also auch mit den Knaben von damals, das Fest der Goldenen Kommunion zu feiern. Ein schöner Anlass, sich nach vielen Jahren einmal wieder zu treffen, den Gottesdienst zu feiern, das Gelübde zu erneuern und anschließend Erinnerungen auszutauschen.

Wir nahmen also unser Kommunionbild zur Hand und er-kannten, die Mädels sind kein Problem, von ihnen haben wir fast alle Adressen durch unsere langjährigen Kontakte. Aber die Jungs, die bereiteten Kopfzerbrechen, denn wir hatten nichts, nicht einmal ein Kommunionbild. Jetzt konnte nur noch die Pfarrei St. Salvator helfen. Wir setzten uns also mit dem Sekretariat in Verbindung. Zunächst war die Information ernüchternd. Es gab keinerlei Aufzeichnungen mehr. Wir waren total enttäuscht. Doch wir ließen nicht locker. Karin reagierte spontan, sprach noch mal bei der Pfarrei persönlich bei Herrn Dekan Erber vor und hatte Erfolg. Endlich der Lichtblick! Dekan Erber hat sich die Mühe gemacht, in ganz alten Unterlagen gesucht und siehe da, es fand sich eine Namen- und Adressenliste mit dem ganzen Ablauf und Programm der Kommunionfeier vor fünfzig Jahren. Juhu dachten wir, jetzt kann es losgehen. Es war total aufregend, all die Namen zu lesen, von denen man noch viele in Erinnerung hatte. War man doch zusammen in den verschiedenen Wohngebieten aufgewachsen, zum Teil in der Jugend- und Sturm- und Drangzeit zusammen gewesen. Man wurde jetzt richtig neugierig, was wohl aus all diesen Knaben und auch einigen Mädchen geworden ist?

Die Maschine „Vitamin B" begann zu rattern. Eine große Unterstützung war auch hier wieder Karin. Dank ihrer guten Kontakte konnten viele Adressen ermittelt werden. Der Klassenstammtisch wurde befragt. Das lief von Mund zu Mund. Was die eine nicht wusste, das brachte die andere in Erfahrung. Intensive Feinarbeiten leisteten Brigitta und ich. Wie kleine Kriminalisten suchten wir nach den verschollenen Mädchen und Knaben und wurden zum größten Teil fündig. Es war Schwerstarbeit mit viel Aufwand verbunden, aber es hat Spaß gemacht. Wir waren wieder die alte Truppe voller Freude und Elan. Ein kleiner Wehmutstropfen schlich sich bei diesen Vorbereitungen ein, indem man feststellte, dass einige dieser Kommunionkinder von damals, nicht mehr am Leben waren.

Einen der Knaben von damals konnten wir für unsere Idee gewinnen. Lambert Bachmair durften wir mit ins Boot nehmen, seinen Namen und seine Anschrift bei der Einladung mit einsetzen, damit die Männerwelt sich vielleicht etwas mehr angesprochen fühlt.

Eine schöne Einladung auf gepflegtem Papier wurde von Brigitta vorbereitet und an ca. fünfzig Mädchen und Knaben von damals verschickt oder übergeben.

Einladung zur Goldenen Kommunion

Liebe Klassenkameradin,

lieber Klassenkamerad der Parallelklasse,

heute wollen wir Dich zur Goldenen Kommunion des Jahr-gangs 1953/1954 einladen.

Am 21. April 2013 wird es fünfzig Jahre, dass wir zur ersten Heiligen Kommunion gegangen sind.

Wir wollen diesen Anlass gemeinsam feiern und laden Dich am Samstag 20. April 2013

zu einer Feierstunde ein. Gerne kannst Du auch mit Partner/Partnerin kommen.

Folgendes Programm haben wir vorgesehen:

Wir wollen uns um 16:00 Uhr in St. Salvator im Salvatorstüble zum Sektempfang und Kennenlernen treffen.

Gemeinsam werden wir um 18:00 Uhr in St. Salvator mit Dekan Erber die Heilige Messe feiern und auch die Heilige Kommunion empfangen. Ab 17:30 Uhr besteht die Möglichkeit zur Beichte –wenn Du möchtest, aber selbstverständlich kannst Du auch in Deiner Heimatkirche die Beichtgelegenheit nutzen.

Im Hotel am Ring sind wir ab 19:00 Uhr angemeldet. Dort können wir bei einem gemeinsamen Essen unsere Erinnerungen austauschen und den Tag ausklingen lassen.

Können wir Dich nicht für den kirchlichen Rahmen unserer Goldenen Kommunion begeistern, dann komme doch ins Hotel am Ring, um den Anlass mit uns zu feiern.

Wir freuen uns auf Dich und erwarten Deine Rückantwort bis 15. März 2013.

Bitte gebe bei Deiner Anmeldung an, mit wie viel Personen Du kommst.

Bitte überweise uns mit Deiner Zusage 15,- € (für Unkosten und Kerze) auf das angegebene Konto.

Mit dem Eingang des Unkostenbeitrages ist Deine Anmeldung verbindlich.

Brigitta & Petra & Lambert

Petra Quaiser (geborene Dietze aufgewachsen im Wemdinger Viertel, Heckenweg)

Brigitta Minder (geborene Hansel, aufgewachsen in der Augsburger Straße)

Lambert Bachmair.

Mit der Pfarrei St. Salvator wurde der gottesdienstliche Ablauf besprochen und Räumlichkeiten für den Empfang der Teilnehmer im Gemeindezentrum St. Salvator reserviert. Im Hotel am Ring fanden wir geeignete Räumlichkeiten, um dem Fest am Abend einen besonderen Rahmen zu geben. Schließlich sollten die Feierlichkeiten in einem gepflegten Ambiente ihren Abschluss nehmen, so wie das vor fünfzig Jahren auch der Fall war.

Alles war bis ins letzte Detail durchorganisiert, jetzt mussten nur noch die Zusagen kommen. Gespannt warteten die Initiatoren darauf, aus welchen Ecken sich die ehemaligen „Kommunionkinder" melden. Wir warteten und warteten und es tat sich nichts. Der harte Kern ja, der stand ganz schnell fest. Aber was war mit all den anderen, vor allen Dingen mit den Männern? Dürfen die vielleicht von ihren Frauen aus nicht daran teilnehmen? Könnte ja sein! Es kamen auch keine Rückläufer, also waren die Einladungen angekommen. Ah, endlich eine männliche Nachricht: „Sorry, ich bin nicht der den Sie suchen", war die Antwort. OK, das kann passieren! Die zweite Nachricht: „Danke, ich kann nicht kommen!" Dritte, vierte und fünfte Nachricht: „Danke, **Nein** und irgend eine Erklärung dazu!" Endlich, endlich die Erlösung! Zwei Zusagen von der holden Weiblichkeit aus Köln und Neuburg. Na wer sagts denn, jetzt kann es nur noch aufwärts gehen. Doch das war es! Es kam nichts mehr! Außer dem harten Kern der „Ehemaligen der katholischen Mädchenvolksschule" hat sich nur eine Handvoll gemeldet. Die Euphorie war auf dem Nullpunkt. War unser Programm der Feier so uninteressant? Störte vielleicht der kirchliche Akt? Haben die Angst davor noch mal mit der Kerze durch das Kirchenschiff zum Altar schreiten zu müssen? Viele Gedanken gingen uns durch den Kopf.

Wenn kein Interesse besteht, dann ist das in Ordnung, aber wenn ich eine Einladung bekomme, dann kann ich wenigstens mit Ja- oder Nein- Danke antworten. Aber gar keine Resonanz, das ist uns doch in all den vierzig Jahren, seit dem wir unsere „Klassenaktionen" veranstalten, noch nie passiert! Vermutlich sind tatsächlich die einen oder anderen mit dem Motorrad durch die Kinderstube gefahren. Wir haben das ganz schnell abgehakt und uns nur auf unsere Mädels konzentriert, die Knaben von damals, die konnte man tatsächlich vergessen. Na ja, die haben es auch bisher noch nicht fertig gebracht, ein eigenes Klassentreffen ins Leben zu rufen, denn das macht Arbeit, viel, viel Arbeit! Uns ist bekannt, dass sie daran schon mal gebastelt, aber nichts auf die Beine gestellt haben. Schade, denn die wissen gar nicht, was so eine Gemeinschaft bedeutet. Was will man da noch erwarten? Wir haben jetzt die aktuelle Adressenliste von den Herren der Schöpfung, die bekommen sie von uns allerdings nicht.

Schnell wurde alles auf den kleineren Rahmen umgestellt. Marianne und Margot gestalteten die Kerzen für den Einzug in die Kirche. Jede Kerze wurde individuell gebastelt und sah sehr, sehr schön aus. Das Programm mit Dekan Eber für den Gottesdienst am 20. April 2013 um 18:00 Uhr in St. Salvoter wurde abgesprochen, und das Rahmenprogramm für den Empfang um 16:00 Uhr im Stüble von St. Salvator und am Abend im Hotel am Ring konnte sich sehen lassen.

Vorfreude ist bekanntlich die schönste Freude! Und so war das auch bei uns. Je näher der „große Tag" kam, umso gespannter wurden wir. Wird alles klappen, so wie wir das geplant haben? Kennt man sich noch? Schließlich hatten sich Teilnehmerinnen angemeldet, die man tatsächlich seit dreißig, ja sogar seit fünfzig Jahren nicht mehr gesehen hatte, weil sie nach der Kommunion die Klasse wegen Umzug verließen.

Pünktlich um 16:00 Uhr trafen die Teilnehmerinnen ein. Schnell füllte sich das Stüble von St. Salvator und schon nach kurzer Zeit kam man sich vor wie in einem Bienenhaus. Es war ein Summen und Brummen, das Stimmengewirr war faszinierend. Man hörte nur noch: „Weißt du noch, kannst du dich noch erinnern!" Schon in den ersten Minuten war klar: "Es kann jetzt nur noch schön werden!" Ich begrüßte die Gäste, berichtete von den Vorbereitungen zur Goldenen Kommunion, ihren Hindernissen und der Unhöflichkeit der „Männerwelt". Auch über die Anekdoten des Klassenstammtisches wurde berichtet. Ganz schnell hatte ich die Lacher auf meiner Seite und die Stimmung stieg.

Als sich dann Dekan Erber zu dieser lustigen Gruppe gesellte um den kirchlichen Ablauf zu besprechen, da wurde es ruhig. Man hatte auf einmal das Gefühl, fünfzig Jahre zurückversetzt zu werden. So wie damals im Kommunionsunterricht lauschten wir seinen Informationen.

Als es endlich so weit war und wir uns in der Sakristei sammelten, um dann gemeinsam mit dem Dekan und den Ministranten durch das Kirchenschiff einzuziehen, machte sich wie damals eine leichte Nervosität breit. Unter den brausenden Klängen der Orgel schritten wir feierlich durch den Hauptgang zum Altar. Unsere Blicke trafen sich mit den zahlreichen Besuchern des Gottesdienstes. Wir sahen unsere Angehörigen und Familienmitglieder, Väter und Mütter die es sich trotz ihres hohen Alters zwischen fünfundachtzig und neunzig Jahren nicht haben nehmen lassen, ihre „Kommunionkinder" von einst, auch bei diesem feierlichen Festakt zu begleiten. Es war ein Gefühl, das man nicht be- schreiben kann, das man erlebt haben muss.

Dekan Erber begrüßte die Kirchengemeinde und die Kommunionkinder von 1963. Man konnte es seinem strah- lenden Gesicht ansehen und seinen Worten entnehmen, dass seine Freude groß war, die Hl. Messe für die Goldene Kommunion zu zelebrieren. Es war für ihn eine Premiere, denn in seiner gesamten seelsorgerischen Laufbahn war es für ihn das erste Mal, den Gottesdienst und die Feierlichkei- ten zur Goldenen Kommunion zu gestalten.

Er war angetan von dieser Idee und mit welcher Energie und Einsatzbereitschaft sie umgesetzt wurde. Er brachte der Gruppe viel Hochachtung entgegen, dass sie trotz vieler Schwierigkeiten nicht nachgelassen hat, um heute hier nach fünfzig Jahren noch einmal gemeinsam vor dem Altar zu stehen.

In den Fürbitten, die von Christa Meyer-Stühler vorge- tragen wurden, gedachte man der Kommunionkinder von 1963, die inzwischen verstorben waren. Als die Kommuni- onkinder von 1963 nach Aufforderung von Dekan Erber die

Stufen hochstiegen zum Altarraum, um dort gemeinsam in der Gruppe mit ihm das Vaterunser zu beten und die Heilige Kommunion zu empfangen, erreichte der Festakt seinen Höhepunkt. Von der Empore erklang zartes Geigenspiel. Diese schönen Klänge, gespielt von Elisabeth Meyer, erfüllten die Kirche und gaben der Feierlichkeit einen ganz besonderen Rahmen.

Spätestens jetzt wussten alle Teilnehmerinnen, allein für diese Stunde, die von den Handlungen und den Worten des Dekan Erbers so wunderschön untermalt wurden, alleine dafür hat sich der Aufwand der Vorbereitungen gelohnt. Eine unwahrscheinliche Zufriedenheit machte sich in uns breit, als wir nach dem Segen und den Abschiedsworten wieder gemeinsam mit dem Herrn Dekan und den Ministranten aus der Kirche auszogen. Dieser gemeinsame Festakt hat diese sowieso schon ganz besondere Gruppe der Ehemaligen der katholischen Mädchenvolksschule Jahrgang 1953/54 noch mehr zusammen geschweißt.

Nach einem Gruppenfoto machten wir uns auf den Weg ins Hotel am Ring, wo wir bereits von einem Teil unserer Angehörigen empfangen wurden. Ein festlich gedeckter großer Raum erwartete uns. Das gemeinsame Abendessen in einem schönen Ambiente bildete einen herrlichen Rahmen und der wohlschmeckenden, selbstgebackenen Kuchen ließen bei den Gaumenfreuden keinen Wunsch mehr offen.

Fehlte da nicht noch Etwas? Genau, ein Geschenk! Alles sollte schließlich so sein wie vor fünfzig Jahren und da gab es ja bekanntlich auch Geschenke. Wir wären nicht die „einmaligen Ehemaligen", wenn wir dafür nicht gesorgt hätten. Unsere Vergnügungsmanagerin Gerlinde hat sich etwas Schönes einfallen lassen. Auf einem Tisch lagen in herrlichem Goldpapier eingepackte Päckchen, für jeden der Teilnehmerinnen eines. Auf der Vorderseite jedes einzelnen Päckchens war über Fotomontage aus dem Kommunionbild von 1963 der Kopf bzw. das Gesicht des Kommunionkindes von damals abgebildet. Nun durfte jede der Teilnehmerinnen sich selbst suchen bzw. finden, um dann das Geschenk überreicht zu bekommen. Da kam so richtig Schwung in den Abend und es wurde noch mehr gelacht als vorher. Als alle dann ihr ganz persönliches „Kommuniongeschenk" öffneten, da war das Staunen groß. Ein kleines, wunderschönes Kästchen ließ sich aufklappen. Darin befand sich

eine für jede Teilnehmerin ganz individuell gefertigte Visitenkarte, die das Thema der heutigen Goldenen Kommunion beinhaltete. Ein wunderschönes Erinnerungsgeschenk, das großen Anklang fand.

Es gab noch andere lustige Einlagen, viel wurde erzählt, Pläne geschmiedet und Erinnerungen über Poesiealben, die herumgereicht wurden, ausgetauscht. Erst weit nach Mitternacht verabschiedeten sich die letzten Teilnehmerinnen und wir wussten alle, es war ein grandioses Treffen, das keiner von uns missen möchte.

Vielleicht wird unsere Idee, gemeinsam die Goldene Kommunion zu feiern, aufgegriffen. Wir würden es anderen von Herzen wünschen, ein so schönes Fest in einer wunderbaren Gemeinschaft zu feiern.

Ich erstellte einen Artikel für die Heimatzeitung Rieser Nachrichten, packte unser Gruppenfoto dazu und einige Tage später konnten wir in der Tageszeitung einen wunderschönen Bericht über unsere gelungene „Kommunionfeier" lesen.

Der Kreis schließt sich

Mit diesem gemeinsamen Festakt schließe ich für mich unser „Klassenzimmer". Eigentlich wollte ich nur eine kleine „Schulzeitung" schreiben, ein Buch ist daraus geworden und ich bin sehr stolz darauf. Gerne gebe ich allen meinen Schulfreundinnen dieses Buch zur Erinnerung in die Hand. Die Niederschrift erzählt von wunderschönen Zeiten.

Ruhig, sehr ruhig wurde es ab dem Jahr 2014. Keine sechziger Fahrt fand statt. Niemand hatte es groß angesprochen. Auch Brigitta und ich machten keine Anstalten, etwas in die Wege zu leiten. Ich kann nicht einmal sagen warum. Brigitta ging es damals schon nicht sehr gut, anderen Schulfreundinnen auch nicht. Einige hatten unangenehme Lebenseinschnitte zu verdauen. Es war eben einfach so. Auch das Jahr 2015 brachte keinen großen Auftrieb. Der Stammtisch allerdings, der traf sich wie immer. Da wurde geplaudert und gelacht. Aber nicht mehr so wie früher, alles irgendwie ruhiger. Vielleicht bildete ich mir das auch nur ein. Wir saßen jetzt auch nicht mehr bis Mitternacht zusammen. Man traf sich auf einmal früher und ging früher. Gegen 22:00 Uhr wurden die ersten Geldbörsen gezückt und dann waren die meisten Ehemaligen auf demWeg nach Hause. Ja, so änderten sich die Zeiten.

Brigitta und ich rafften uns aber doch noch einmal auf und planten, für 2016 im Mai eine Fahrt auf die Beine zu stellen. Doch daraus wurde nichts. Meine allerliebste Schulfreundin wurde krank, schwer krank. Ich musste also alleine planen, verschob aber alles auf den Herbst 2016. Wenn sie erst wieder gesund ist, dann werden wir eine Fahrt für den Stammtisch planen und im September oder Oktober reisen. Aber wie es so ist, der Mensch denkt und Gott lenkt. Wir verreisten 2016 nicht, wir feierten auch nicht. Wir trauerten.

Im März 2016 erhielten wir die Nachricht vom Tod unserer Rita, die in Böhmenkirch lebte. Sie erlag einem schweren Leiden. Obwohl wir auch mit Rita seit dem zweiten Klassentreffen keinen Kontakt mehr hatten, fehlte sie in der Reihe der Schülerinnen.

Und dann brach für viele eine Welt zusammen. Die Nachricht vom Tod unserer Brigitta am 18. April 2016.

Keine von uns hatte danach noch für irgendetwas Interesse, alle Pläne oder Freuden wurden nebensächlich. Wir begleiteten unsere Brigitta auf ihre letzte Reise und nahmen Abschied von ihr auf dem Friedhof in Holheim. Es war eine große, stattlich Trauerfeier und Beerdigung. Brigitta war sehr beliebt und sehr viele Menschen gaben ihr die letzte Ehre. Meine letzte Aufgabe war es, für den Klassenstammtisch die Traueransprache zu halten. Ich wusste vorher nicht, ob ich sprechen kann, ich sprach einfach. Einfach so, wie es mir ums Herz war und das, was ich gab, war gut.

Von da an war ich allein und ich ließ einfach alles einmal so laufen, wie es lief. Es lief in ruhigen Bahnen und das war gut so. Wir trafen uns weiter zum Klassenstammtisch oder bei Anita und Joschko. Beide setzten sich im Sommer 2018 zur Ruhe und wohnen seither wieder in Nördlingen.

Am 19. Januar 2018 begleiteten wir in einer großen Gruppe Gabriele zur letzten Ruhe. Auch sie verstarb nach einer längeren, schweren Krankheit. Sie wohnte zuletzt in Donauwörth. Ursprünglich kam sie regelmäßig zum Stammtisch und traf uns bei den Klassentreffen. Das ließ aber durch ihre Erkrankung nach. Ich habe auch hier für uns alle eine Traueransprache gehalten, die unserer Gruppendynamik entsprach.

Neun Mitschülerinnen fehlen bis zum heutigen Tag aus unseren Reihen. Vielleicht sind es schon mehr, denn zu einigen besteht kein Kontakt, da wissen wir nicht einmal wo sie sich aufhalten.

Heute habe ich das Gefühl, dass wir nicht älter, sondern reifer geworden sind. Der Sturm- und Drangzeit in unserem Klassenstammtisch ist ein wunderschönes Miteinander gefolgt. Wir wissen um die schweren Krankheiten, die einige von uns zu tragen haben. Jede nimmt auf die andere Rücksicht. Wir fühlen uns wohl in unserer Gemeinschaft, so wie sie ist. Und das ist gut so.

Inzwischen tauchten die ersten Fragen auf: „Wann machen wir denn mal wieder eine Reise?" Über alles muss eben doch erst Gras wachsen, jeder muss seine Lebensthemen verdauen und ich bin überzeugt davon, dass das Jahr 2020 dafür geschaffen ist, eine Reise zu unternehmen. Und sei es auch nur eine „Fahrt ins Blaue". Ich werde sie planen, so planen, dass alle daran teilnehmen können. Es wird eine schöne Reise werden. Schließlich ist es wieder ein Jubiläum. Vor sechzig Jahren wurden wir eingeschult. Margot oder auch Gerlinde werden bestimmt daran denken. Die meisten aber nicht. Ich auf jeden Fall werde das Jubiläum zum Anlass nehmen, eine schöne Fahrt zu organisieren. Erzählen und berichten aber werde ich darüber nicht mehr.

Rückschau, Erkenntnis und Alters-WG

Schaue ich mir die Bilder zu Beginn des Buches aus meinen Kindergartentagen an, so kann ich sagen: „Genau hier fing alles an!" Hier ist die Wurzel für „die kleine Schülerbank"!

Eigentlich ist das ganze Leben eine kleine Schülerbank, aus der wir nie heraus wachsen werden, sondern sie wird mit uns mitwachsen.

Das Leben ist eine ständige Lernaufgabe, und wir werden immer und immer wieder die Schülerbank drücken müssen. Wir werden immer wieder die Schule wechseln, neuen Mitschülern und Mitstreitern begegnen. Immer wieder neue

Lehrer und Lehren werden, mehr oder weniger intensiv versuchen, uns etwas bei zu bringen.

Je besser wir es verstehen, diese kleine Schülerbank in unser Leben zu integrieren, je mehr wir erkennen, was uns diese vielen verschiedenen „Lebenslehrer" lehren möchten, je mehr wir lernen, mit dem Gelernten richtig umzugehen, je mehr werden wir davon profitieren. Umso mehr werden wir sie schätzen, alle diese Mitschülerinnen und Mitschüler, die mit uns die kleine Schülerbank drücken, die uns durch unser „Schulleben" begleiten.

Wir werden feststellen, dass jeder einzelne Mitschüler und Lehrer eine große Bereicherung für unsere persönliche „Lebensschulzeit" ist. Wir werden erkennen, dass jeder der Mitschüler in den ersten Schuljahren, genauso wie ich, unruhig und unsicher auf seinem Platz hin und her rutscht, dass bei jedem der Lehrer einmal mit dem erhobenen Zeigefinger steht und warnt, dass jeder einmal sein Fleißsternchen bekommt oder auch vielleicht einmal in der „Eselsecke" stehen muss. Der eine mehr und der andere weniger.

Und wenn ich das so sehe und erkenne, dann wird es mir ein Leichtes sein, mit all meinen Mitschülerinnen und Mitschülern gut und richtig umzugehen. Denn wir sitzen alle im gleichen Klassenzimmer, wir haben alle die gleichen Lehrer und wir sitzen alle zwar nicht auf der gleichen, aber doch auf derselben Bank.

Nur so werden wir Schritt für Schritt erkennen, dass wir alle gemeinsam auf der kleinen Schülerbank lernen müssen und nie aufhören werden zu lernen. Je mehr wir erkennen, welche wohltuende Bereicherung für unser Leben all diese vielen Schüler und Schülerinnen auf der kleinen Schülerbank sind, wie wichtig jeder einzelner Lehrer ist, umso sicherer werden wir uns fühlen und umso besser wird es uns gehen. Denn genau diese kleine Schülerbank ist prägend für das ganze Leben.

Wir haben es in den vergangenen neunundfünfzig Jahren erkannt. Wir, die Ehemaligen der katholischen Mädchenvolksschule Nördlingen Jahrgang 1953/54 wissen was es heißt, gemeinsam auf der kleinen Schülerbank zu sitzen. Auch wir sind hin und her gerutscht und haben oft neidisch auf das Arbeitsblatt der anderen geblickt, das sich gefüllt hat und selbst kaute man immer noch am Griffel und es kam und kam einfach nichts.

Wir konnten beobachten, wie bei der einen die Handarbeit Formen angenommen hat und bei der anderen nicht, wie dafür bei der Nächsten eine wunderbare Zeichnung entstand und bei der anderen nicht. Eine Mitschülerin hat Aufsätze geschrieben, als würde sie nichts anderes in ihrem Leben tun und wieder eine andere hat die Rechenaufgaben an der Tafel exzellent gelöst. Die eine war bewandert in Geographie und die andere in Geschichte usw. Man kann das endlos fortsetzen und man erkennt – ja, das Erkennen ist wichtig. Jede von uns ist mit ihrer Schülerbank gewachsen, jede auf ihre Art und Weise. Die Schule braucht ihre Zeit und alles lehrt uns die Zeit. Wir haben erkannt, dass bei uns dieser Lehrstoff nie ausgegangen ist. Wir haben aber auch erkannt, dass wir alle gleich sind und gleich bleiben, immer und immer wieder, die Schülerinnen auf der kleinen Schülerbank.

So haben wir uns entwickelt von der ersten bis zur achten Klasse und andere bis zur zehten oder dreizehnten Klasse. Die Schulzeit zu Ende allerdings war nie. Alle saßen wir weiterhin gemeinsam auf der kleinen Schülerbank des Lebens und da sitzen wir heute noch. Denn bekanntlich lernt man nie aus.

Heute brauchen wir keinen erhobenen Zeigefinger des Lehrers mehr und wenn, dann erkennen wir schnell, was uns dieser erhobene Zeigefinger sagen will. Weiterhin wichtig sind die Fleißsternchen, denn Achtung und Anerkennung kann man ja nie genug bekommen. Und die Eselsecke? Na die werden wir nie so ganz loswerden, denn gegen die eine oder andere Eselei ist man nie so ganz gefeit. Außerdem ist es so, dass uns das Leben in eine Eselsecke stellt. Denn das Leben ist kein Wunschkonzert und auch kein Zuckerlecken. Die Eselsecke des Lebens rüttelt uns wach und bringt uns vorwärts.

Die Ehemaligen der katholischen Mädchenvolksschule Nördlingen sind inzwischen eine „stabile Klasse", die gemeinsam voneinander und miteinander viel gelernt hat und die dankbar ist für das gemeinsame Miteinander. Dankbar für jeden erhobenen Zeigefinger, für jedes Fleißsternchen und für jeden Besuch in der Eselsecke. Dankbar für eine schöne Schulzeit, für ihre ach so strengen Nonnen, denen sie es aber auch verdanken, dass sie heute noch so richtig von Herzen über die Schulzeit lachen können, und dass sich alle Mädels gerne an diese Zeit zurückerinnern, die eine mehr und die andere weniger.

Es ist in all den vielen Jahren eine Gemeinschaft entstanden, die sich sehen lassen kann. Die inzwischen ohne Neid, Eifersucht, Hass oder Missgunst miteinander umgeht. Untereinander haben sie sich zum Teil in kleinen Gruppen zusammengefunden. Sie sind zu zweit locker oder auch eng befreundet.

Egal was wir gemeinsam vorhaben, planen oder unternehmen, es werden immer alle berücksichtigt, es wird an jede gedacht und nach Möglichkeit werden alle einbezogen. Denkt die eine nicht, dann denkt die andere. Man nimmt Tipps und Hinweise an und man versucht, nichts als Kritik zu sehen, sondern nur als erhobenen, lehrreichen Zeigefinger.

Mich persönlich erinnert unsere Klassengemeinschaft an ein Wandbild aus meinen Kindertagen, das an der Giebelseite eines Wohnblocks in meinem Wohnviertel im Wiesenweg zu sehen ist. Nämlich ältere Menschen, zum Teil gebeugt von Kram und der Last des Lebens, bzw. der Last, die sie in Form von schweren Taschen links und rechts an den Händen zu tragen haben. Der Mann mit Hut, die Frau mit Kopftuch, so wie es eben früher üblich war. Man kann an den Gesichtszügen erkennen, dass sie schwer zu tragen haben an ihrer Bürde und der Härte des Lebens. Diese Wandmalerei gibt es heute noch mit dem Hinweis: „Einer trage des anderen Last!"

Die Wohnblöcke mit dieser Wandmalerei wurden in den fünfziger Jahren erbaut. Es herrschte durch die zahlreichen Heimatvertriebenen und Flüchtlingen große Wohnungsnot. Diese Vertriebenen und Flüchtlinge waren es, die durch die Vertreibung aus ihrer Heimat schwer für den zweiten Weltkrieg bezahlen mussten, denen viel Leid aufgetragen wurde. Diese Wohnungen wurden für diese Menschen gebaut und sehr viele Heimatvertriebene haben hier ein neues Zuhause gefunden. Vielleicht soll diese Wandmalerei sagen: „Wir tragen die Last gemeinsam".

Damals, als Kind, wusste ich nicht so recht etwas damit anzufangen. Ich empfand aber immer etwas Mitleid mit diesen „Menschen", die dieses Bild darstellte. Wenn ich meine Mutter im Heckenweg besuche und dort vorbei fahre, dann weckt es immer wieder Erinnerungen an meine schöne Kindheit im Wemdinger Viertel.

Auch wir auf unserer kleinen Schülerbank haben es im Laufe der Jahre übernommen, die eine oder andere Last der anderen Mitschülerin mitzutragen, und sei es nur, indem man signalisiert: „Ich bin für dich da." Man hat vielleicht schon als Banknachbarin mal abschreiben lassen, als Klassenkameradin den einen oder anderen Tipp gegeben oder sich so angefreundet und die Hausaufgaben gemeinsam gelöst.

Später, und das hat sich bei uns im Laufe der Jahre gezeigt, sind wir immer mehr aufeinander zugegangen und auch eingegangen. Wir haben die Vorzüge der jeweils anderen genau erkannt und wir haben gelernt zu bitten oder zu fragen: „Kannst du mir helfen oder kannst du etwas für mich tun". Und siehe da, es kam alles so nach und nach wie eine Lawine ins Rollen. Die eine weiß das, die andere kann jenes, die ist auf diesem Gebiet fit, die andere auf einer ganz anderen Ebene. Da ist kein Futterneid mehr, kein Denken die eine ist mehr, die andere taugt weniger, die ist reich oder jene ist arm. Nein wir haben voll erkannt, dass jede in irgendeiner Form stark im Leben steht und ihren Teil dazu beitragen kann, um weiterzuhelfen, ohne dass man gleich wieder etwas vom anderen erwartet.

So hat sich langsam ein harmonisches Geben und Nehmen untereinander aufgebaut. Es ist fast selbstverständlich, in irgendeiner Form für den anderen da zu sein, ohne dass das ins Uferlose ausartet oder dass man immer zusammenklebt. „Einer trage des anderen Last", denn wir sitzen immer noch gemeinsam im Klassenzimmer, gemeinsam auf der kleinen Schülerbank. Diese harmonischen Schwingungen verbinden uns, denn wir wissen, eine ist immer da die das weiß oder kann, wenn ich selbst nicht in der Lage bin, das fertig zu bringen. Darum haben wir auch immer in all den vergangenen Jahren bei all unseren Veranstaltungen oder Reisen darauf geachtet, dass nach Möglichkeit alle, die gerne mitkommen wollen, auch mitkommen können. Wir haben ohne groß zu diskutieren, alle finanziellen Engpässe bei der einen oder anderen berücksichtigt, bzw. sogar mit unter die Arme gegriffen. Eine wunderschöne Gemeinschaft ist gewachsen durch die Erkenntnis, wir sitzen alle auf derselben, kleinen Schülerbank.

Heute sind wir manchmal so weit, dass wir sagen, die nächste Stufe ist vielleicht eine Alters-WG. Auch wenn es Spaß sein soll. Man kann nicht wissen, was sich tut, wir aber wissen, dass hier eine „Klassengemeinschaft" ist, die klasse ist, und die mit Sicherheit auch noch im hohen Alter gemeinsam auf der kleinen Schülerbank sitzen wird.

Eine von uns wird eines Tages alleine dasitzen und das Klassenzimmer abschließen. Aber das liegt in unseren Gedanken noch in weiter Ferne. Wir noch viel zu viele Pläne, die uns frisch und jung halten.

Pläne für eine AltersWG wurden schon lange gemacht, wenn auch nur in der lustigen Form, aber bekanntlich läuft ja überall der Ernst mit. Eine Schulkollegin hat einmal ein Rechenexempel gemacht und sich ausgerechnet, was der Aufenthalt auf dem Luxusschiff Aida kostet und ist zu der Erkenntnis gekommen, dass das nicht viel teurer ist als der Aufenthalt in einem entsprechenden Senioren- oder Pflegeheim. Warum dann also Seniorenheim? Wir gehen gemeinsam auf die Aida und schippern über die Weltmeere. Für alles ist gesorgt, Arzt mit an Bord, schließlich sind wir dann ja nicht mehr die Jüngsten und das Auge und das Herz freut sich natürlich auf die jungen knackigen Stuarts, die da so ihre Dienste tun.

Auch hatte ich persönlich mir bereits ein herrliches Objekt in Nördlingen für diese Senioren-WG angesehen. Eine schöne alte Jugendstilvilla am Bleichgraben in Nördlingen. Die Voraussetzungen wären hier voll und ganz gegeben. Das wäre so richtig unser Stil. Die großzügigen Räume in Parterre für den gemeinsamen Aufenthalt und das Kochen. Im ersten und zweiten Stock schöne einzelne Zimmer für jede zum Wohnen, und ein traumhafter kleiner Park rund um das schöne, alte, ehrwürdige Haus. Man könnte gemeinsam noch vieles bewerkstelligen und für das, was nicht mehr geht, nehmen wir uns eine Hilfe. Einmal wöchentlich kommt der Arzt zum Check, einmal monatlich die Fußpflegerin und die Frisörin, ein Teilzeitgärtner und eine Putzhilfe können uns auch noch unterstützen. Das Essen kommt auf Rädern und bei schönem Wetter laufen wir im Verbund mit dem Rollator durch den Bleichgraben. Wir kochen Tee und treffen uns im Aufenthaltsraum. Die einen sind zuständig als Außenminister, die andern als Innenminister und wieder andere tragen zur „Volksbelustigung"

bei. Wir kennen ja von jeder die Stärken und die Schwächen, also was kann uns denn da noch passieren?! – Ein schöner Traum – aber leider bisher nur ein Traum. Denn das Gebäude war in einem schlechten Zustand und ist inzwischen verkauft. Aber träumen, das darf man ja schließlich. Und außerdem, wir haben ja noch so viel Zeit, wir sind ja schließlich erst 65/66 Jahre alt.

Diese fixe Idee steckt trotzdem weiterhin in uns und wer weiß, was uns die Jahre noch bringen. Wir wissen es nicht, aber eines, das wissen wir ganz genau. Wir sind und bleiben die Elite der ehemaligen, katholischen Mädchenvolksschule Nördlingen, mit einer großen Erkenntnis und einer positiven Einstellung zu unserer einmaligen Gemeinschaft, die wir uns sicher immer erhalten werden.

Wir Schuldmädchen

Wie war es schön, ein Schulmädchen zu sein.
Mit dem Ranzen auf dem Rücken marschierten
wir im September 1960 in die Judengasse ein.

Mit Schiefertafel und Schwamm,
unsere Schulzeit begann.

Über fünfzig Mädchen in einer Klass,
da machte das Schulgehen noch so richtigen Spaß.

Schulbänke gab es damals,
von wegen Tisch und Stuhl.
Im Schulhaus da herrschte klösterliche Ruh.

Die Hände gewaschen, die Griffel gespitzt,
so saß man ordentlich auf seinem Sitz.

Und wenn man so richtig fleißig war,
gab es zur Belohnung goldene
Fleißsternchen, das war doch wunderbar!

Die schwere Schultüre, man konnte sie kaum öffnen.
Und sollte man auf den Hausmeister treffen,
dann zog man ganz schnell die Köpfe ein,
denn sein Blick, der konnte sehr streng und mürrisch sein.

Wie schön war es, im Schulkeller Filme zu sehn.
In Zweierreihen musste man mucksmäuschen still
nach unten gehen.

Die Stadtmaus und die Feldmaus,
aber auch der Hase und der Igel, alles in schwarz weiß,
was anderes war nicht zu kriegen.

Kaum eine dachte bei den strengen Nonnen
daran, luftige Kleidung zu tragen in der Sommerzeit.

Hier herrschte Zucht und Ordnung, da war verboten
so halbnacktes Zeug.

Dafür, das gibt es heut fast nimmer,
erklang oft der Ruf „Hitzefrei", aus jedem Klassenzimmer.

Wanderungen zum Albuch, nach Harburg mit dem Zug.
Die eine oder andere Fahrt, das war an Ausflügen genug.

Dafür jede Menge Gottesdienste, beten, Handarbeit, kochen,
putzen, zeichnen, turnen und singen.
Von wegen Handy am Ohr
oder zickig durch die Gegend springen.

Keiner fuhr uns mit dem Auto, alles zu Fuß oder mit dem Rad,
am Taschengeld, da haben die Eltern gespart.

Die neueste Mode oder Markenklamotten,
was für ein Unsinn, das war ja überhaupt nicht drin!

Schön waren sie unsere Gruppenstunden.
Da konnten unsere Seelen so richtig gesunden.

Mit dem Rad am Wochenende nach Christgarten
in die Hoppelmühl, ach wie liebten wir dieses Ziel.

Zu Gitarrenklängen abends am Lagerfeuer sitzen,
in den zugigen Dachkammern übernachten,
da kam keine von uns ins Schwitzen.

Im Laufe der Zeit haben sich die Schülerinnen aufgeteilt.

Ob Volksschule, Gymnasium, Handelschule oder Maria Stern,
erhalten blieb immer der alte Kern.

Man traf sich im Städtle, in der Disco oder im Cafe,
ach das war doch immer schön.
Und eines Tages wurde zum Klassentreffen geladen,
man war vereint wie in alten Tagen.

Man verstand sich super, hatte viel zu erzählen
und musste sich gar nicht wie ein Fremdling quälen.

Man gründete den Klassenstammtisch,
machte Ausflüge, reiste nach
Wien, Hamburg und Berlin.

Schöne Freundschaftsgruppen haben sich gefunden,
man fühlte sich einfach miteinander verbunden.

So viel Schönes haben wir auf die Beine gestellt,
nach dem Motto „Hallo, was kostet die Welt!"

Trauer haben wir im Herzen getragen,
als der Tod in unsere Reihen kam, und

Schulkolleginnen mit sich nahm.
Wir haben Gemeinsam Abschied genommen und sind
uns dadurch noch näher gekommen.

Heute nun sind wir reihum alle 65 Jahr,
blicken lachend zurück, was da so alles war.

Erst recht aber wollen wir vorwärts schauen,
denn die fünfundsechzig, die wird uns nicht gleich umhauen.

Wir tragen sie mit der Würde unserer Zunft,
denn unser Jahrgang der steht nicht nur für Vernunft.

Wir gehen es weiterhin fröhlich an
und dulden keinenSchlendrian.

Auch wenn wir uns nicht mehr so schnell
und flexibel bewegen,
wir alle zusammen, wir sind ein Segen!

(Verfasserin Petra Quaiser)

Und egal wer von uns allen eines fernen Tages, ganz „alleine" auf der kleinen Schülerbank im leeren Klassenzimmer sitzen wird, wenn das Lernen dann wirklich ein Ende hat, wenn keine Unruhe mehr zu spüren und kein Lärm mehr zu hören ist, wenn das wohlbekannte und vertraute Schnattern verstummt und die Tafel sauber geputzt ist, wenn man keinen erhobenen Zeigefinger mehr braucht und auch kein Fleißsternchen mehr notwendig ist, um das Selbstbewusstsein aufzubauen und wenn der Blick auf die Eselsecke schon stark getrübt ist und uns nur noch ein schwaches Lächeln entlockt, dann läutet die Schulglocke wohl ein letztes Mal. Es wird Zeit, das Klassenzimmer abzuschließen.

Wer von uns auch immer es sein wird, wir wissen es heute nicht aber wir wünschen jeder einzelnen von uns, dass ihr diese ehrenvolle Aufgabe übertragen wird, und dass sie es mit Freude auf uns und in dankbarer Erinnerung an uns, ganz still und leise tun wird.

Bildnachweis

Archiv Petra Quaiser, Harald Metz, usw

Ein weiteres Buch der Autorin Petra Quaiser

Die Autorin, die 1953 in Nördlingen geboren wurde und dort aufwuchs lebt seit 2004 in Alerheim im Ries.

Mit ihrem Buch „Entfesselte Leidenschaften wagt sich die Autorin an ein „heißes" Thema. Sie nimmt in dreizehn erotischen Kurzgeschichten die Leser mit in die Welt der Liebe, aber auch der ausschweifenden, kernigen Lust und Leidenschaft.

Zauber, Mystik, das Reich der Träume, Liebe, Sehnsüchte und entfesselte Leidenschaften, von devot bis dominant, aktivieren in diesem Buch das Kopfkino und wecken die Fantasie. Von erotischer Romantik in der Walburgisnacht bis zu den Grenzen der Lust im Rausch afrikanischer Trommeln, findet der Leser starke erotische Unterhaltung, die ihn fesselt. Sinnlich, lustig manchmal aber auch etwas derb.

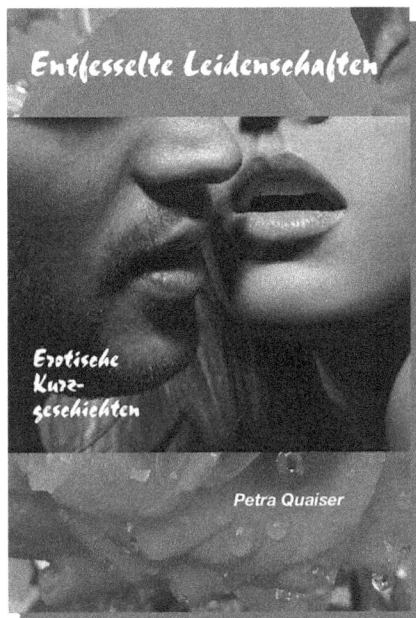

ISBN 9 783749 467235   Preis: 11,99 €

Verlag BoD, Norderstedt

Erhältlich über Ihren Buchhändler oder im Online-Buchversand.

Lightning Source UK Ltd.
Milton Keynes UK
UKHW040635141222
413914UK00004B/378